事前指導から授業例まで

GIGA スクールの 1人1台端末 活用アイデア 100

中川一史 監修
安井政樹 編著
札幌市立幌北小学校 著

明治図書

はじめに

すべての学年ですべての教科等でふだん使い

　学校に児童生徒１人１台端末がやって来てしばらく経過した。

　読者の方の学校・地域では，どのように進んでいるだろうか。

　はじめのうちは，とにもかくにも使っていこう！と，使うことに一生懸命だったかもしれないが，そのうち，「ここでなぜ使うのだろう？」「決まった教科でしか使っていないな」などの疑問も出ているのではないかと思う。

　同時に，その学習効果の実感も様々見られるようになってきたのではないだろうか。これまでのように，教師が何でも先回りして教えないとできないモノではない。むしろ，子どもたちのほうが詳しい，得意なコトがたくさんそこには存在する。そういう意味では，教師の意識の変革にも一役かっているのが GIGA 端末だ。

　本書は，今や大学の教員になった編著者でもある安井政樹氏と札幌市立幌北小学校の教職員のたくさんの思いやメッセージが詰まっている。一方で，けっして，ハードルの高い本ではない。「あぁ私ならもっと上手に活用させるよ」とか「そこは〜〜というやり方も考えられるね」など，本書をきっかけにして，様々な発想を広げ，活用のバリエーションを増やしていっていただければ，発行冥利に尽きるというものだ。

　すべての学年ですべての教科等で，もちろん日常で，ふだん使いが進み，そのうち，それ自体も話題にならなくなっていくことを強く望んでいる。そのことこそが，ふだん使いのゴールだからだ。

　最後に，本書発行にこぎつけたのは，安井政樹氏と本校の教職員の熱い思いがあってこそ，である。心から感謝したい。

　2022年７月

監修者　中川一史

CONTENTS

Chapter 2
GIGA スクール環境を生かす学校体制づくり

Chapter 3
対談　GIGA スクールの授業づくり

Chapter 1

事前指導から
学年別授業例まで
1人1台端末
活用アイデア100

1 事前指導
校内ルールの策定と共通理解
・壁紙（Chromebook 心得 ＋ キーボード操作図）

ねらい

①校内の Chromebook の利用のルールの基本について，教職員で共通理解をする。
②心得を原則としつつ「学級ごとにルールを話し合って決める」とすることで，子どもたちが
　ルールづくりに主体的に参加し，よりよい端末利用について考えられるようにする。

事前指導

・端末起動後，最初に表示されるデスクトップ画面に「Chromebook 心得」と「キーボード
　操作図」が示されることを伝える。
・学級のルール（約束）については，担任の先生だけではなく，校内のどの先生でも，納得し
　てもらえるルールでなければならないということを伝えておく。

準備

【ICT 担当者】
・「Chromebook 心得」と「キーボード操作図」を組み合わせた壁紙を作成する。
【ICT 担当者 or 市町村情報担当者】
・Chromebook のデスクトップを一斉に共通の壁紙に設定して，変更できないようにする。

活用の実際（4 月当初 ＋ 日常的に）

【教師】
・（4 月 GIGA びらき）壁紙を見ながら，最低限守るべき「心得」について学級内で確認をする。
・休み時間の端末の使い方について「学びのために使う」という原則を基にして話し合って，
　学級のルールを作成する。
【子ども】
・「学習のため」という視点で常に考えながら，よりよい端末の使い方について考える。
・必要に応じて，学級内で話し合って「学級のルール」をブラッシュアップしていく。
【具体的な事例】
・2 年生のある学級で「先生！休み時間にプログラミングしていいですか？」という質問が出
　た。「みんなで考えてみようか。」と話し合いの機会にした。すると「他の人が作ったやつで
　ただ遊ぶのはダメ。それを見て，どのような仕組みで作られたかを知るならいいと思う。」
　という結果になった。こうした話し合いが大切である。　　　　　　　　　　　（安井政樹）

Chromebook心得

【Chromebookは、学習用具】

両手でもつ！

1 「机」や「椅子」などと同じで、学校のものです。大切に。

2 よい使い方と、よくない使い方があります。クラスで約束を話し合いましょう。

3 家のタブレットと違い、学習のために貸しています。遊ぶためのものではありません。

朝

1 Chromebook を 保管庫から出す。

2 けんこうかんさつを入力

2 机の中に しまう。

3 教科書やノートは、ランドセルに。筆箱は、机の中に。

授業中

1 クラスのルールで、いつも通りに教科書などを準備します。

2 Chromebook を使ってよい時間かどうかは、先生と相談します。
辞書のように調べるために使いたいとき
授業を聞いていないのでは、困ります。音声入力は×。スピーカーも OFF に。

3 先生が話している時、友達が話している時などは、聞くことを大切に。

休み時間

1 体育館やグラウンド遊びの日は、体を動かすことを大切に。

2 教室遊びの日に、Chromebook で学ぶことは OK です。
（学習で使ったファイル・NHK for School・Viscuit・scratch など）

3 復習をしたり、予習をしたり、委員会や係活動に使うこともできます。

委員会・クラブ

1 基本的に持っていく。（グラウンドなど、校外には、持っていきません。）

2 Chromebook でふりかえりや記録をする。

帰り

1 撮った写真などは、必ず Google ドライブに入れる。（Chromebook本体に保存しない。）

2 Chromebook を 保管庫にしまい、充電する。

【道具は便利！でも使い方を間違えると・・・】

包丁は便利ですよね。どこの家でも使います。でも、使い方を間違えると…。とんでもないことがおきます。

Chromebook も便利です。しかし、使い方を間違えると…。心をケガしたり、ケガさせたりしてしまうこともあるのです。自分も他人も大切にし、よりよく生きるため、学ぶためにモラルやクラスで話し合った約束を守って使いましょう。

2 事前指導 端末活用の環境整備

・画面保護フィルム，タッチペン，マイク付きイヤホン，HDMI ケーブル，接続アダプタ，
プリンタ，プロジェクタ，アクティブラーニングルーム（協働学習ルーム）

ねらい

① Chromebook を活用した教育活動をしやすい校内環境をつくる。

事前指導

・端末・タッチペンは６年生まで使い，その後１年生に渡すため大切に使うように伝える。

・マイク付きイヤホンは，各自で用意することになるため通信等で家庭に準備をお願いする。

準備

【ICT 担当者】

・端末保護のため，画面保護フィルムを購入する。

・タッチペンを全児童数分注文し購入する。（学校によっては個人購入でもよい。）

・HDMI ケーブルと端末との接続アダプタを教室数分準備する。

・制作物を印刷できるように，フロアに１台ずつレーザーカラープリンタを設定し，各教室か
らネットワークを通じて印刷できるようにしておく。

・旧 PC 室にプリンタやプロジェクタ，プログラミング教材などを常設し，アクティブラー
ニングルームとして整備する。

【教師】

・全教職員で協力して画面保護フィルムを貼り，動作確認をする。（基本的に初年度のみ。端
末増加時は，随時対応）

活用の実際（４月当初 + 日常的に）

【教師】

・タッチペンは，学年に応じて，学級でまとめて保管したり，各自の筆箱に入れたりして，子
どもが使いたい時に使える環境にする。

・マイク付きイヤホンについては，日常的に持ち歩き，いつでも使えるように指導しておく。

・HDMI ケーブルや端末との接続アダプタを各教室に設置しておき，どこの教室でも授業し
やすい環境を整える。

【子ども】

・端末の故障，画面の破損，端末の識別シールの剥がれ，タッチペンの紛失などがあった場合
には，速やかに担任に申し出ることで，快適に使用できる環境を維持する。　　　　（安井政樹）

3 事前指導
手書き入力・音声入力をしやすく
・設定（Chromebook のシェルフを常に表示），マイク付きイヤホン

ねらい

①キーボード入力できない子どもでも，Chromebook を活用しやすいようにシェルフに「入力オプションを常に表示する」という設定にし，どの学年でも活用が促進されるようにする。

事前指導

・大型モニタ上に映される教員機の操作を見ながら一緒に操作すること，聞き逃して分からなくなった時点ですぐに挙手をすることを伝える。

準備

【ICT 担当者】

・文字入力の設定の変更の仕方を，実際に担任に体験してもらう。

・学年の通信等で「マイク付きイヤホン」の購入をお願いする共通の文のデータを共有しておく。

【教師】

・マイク付きイヤホンを用意し，実物を見せながら，用意する意味などを伝えるとともに，通信等で家庭に連絡をできるようにする。

活用の実際（1時間）

【教師】

・実際に操作する様子を大型モニタで示しながら，設定を変更する手順を教える。

・シェルフに「入力オプションを常に表示する」ようにした上で，音声入力の仕方と手書き入力の仕方を教える。

・実際に，Google Earth で行ってみたい場所を「手書き入力」や「音声入力」で入力して，楽しみながら，入力操作に慣れさせる。

【子ども】

・教師の画面を見ながら，シェルフに「入力オプションを常に表示する」設定をする。

・実際に，Google Earth で「手書き入力」をしたり，「音声入力」をしたりして，楽しみながら操作に慣れる。

・隣の人の声が入ってしまうことを感じて，マイク付きイヤホンの必要性を実感する。

（安井政樹）

Google Classroom の設定
（新年度の作成・前年度は基本的にアーカイブ化）
・ICT ツール　Google Classroom

ねらい

①教職員用，各学級用，委員会活動用，クラブ活動用など，必要な Google Classroom（以下，Classroom）を作成し，すぐに先生たちが活用できるようにする。

②他学級の実践の様子を参考にできるよう，すべての学級の Classroom にできるだけ多くの教職員が入れるようにすることで，活用イメージを共有して活用を推進する。

事前指導

・Classroom 作成の仕方，招待の仕方，クラスコードを用いた入り方を GIGA 研修で先生たちに伝えておく。

準備

【ICT 担当者】

・教職員用の Classroom を設定して，全教職員を招待しておく。

活用の実際（年度初めの放課後：GIGA 研修 1 時間）

【教師】

・ICT 担当者が Classroom を作成する手順を実際に見ながら，担任は自分の学級の Classroom を作成する。（クラス名の付け方は，2022○の□と形式を共通させる。）

・自分が担当するクラブや委員会の Classroom も作成してみる。

・ICT 担当者が Classroom に投稿する手順を実際に見ながら，自分のクラスへの投稿練習や，コメント返信の体験をしてみる。

・教職員用 Classroom にある「健康観察の form」をコピーし，自分のクラスに投稿してみる。

・教職員用 Classroom の投稿は，基本的に Classroom のストリームではなく，授業から資料などとして投稿して，情報を整理できるようにしておくことを確認する。

【具体的な事例】

・閉鎖等で急に在宅勤務になり，オンライン学習支援をすることになっても，全担任が他の学級の取り組みを知ることができた。出勤できない状況で打ち合わせが難しくても，他の学級のオンラインの課題の出し方などを参考に，各学級の取り組みを日々改善することができた。次年度は，原則として今年度の Classroom をアーカイブ化して，必要に応じて実践を見られるようにし，実践を引き継げるようにする。

（安井政樹）

5 事前指導
朝から使う習慣づくりと健康観察

・ICT ツール　Google フォーム

ねらい

①毎朝，各自が保管庫から端末を出し，自分の机に入れるという習慣をつける。
②健康観察として「今日の『ココロとからだ』の天気」を入力することで，よりきめ細やかな子どもとのコミュニケーションをとることができるようにする。

事前指導

・Classroom の授業（資料）に，Google フォーム（以下，フォーム）「今日の『ココロとからだ』の天気」を投稿しておき，毎朝入力するように指導しておく。

準備

【ICT 担当者】
・全校で共通して使えるフォーム「今日の『ココロとからだ』の天気」を作成し，教職員用Classroom に投稿しておく。

活用の実際（毎朝の登校時間～朝の会）

【教師】
・登校したらすぐに学習準備などを済ませて，「今日の『ココロとからだ』の天気」を入力するように指示しておく。
・リアルタイムで入力結果を見ながら，先生へのメッセージを紹介したり，必要に応じて個別に声をかけたりして，子どもとのコミュニケーションの入口をつくる。

【子ども】
・登校してすぐに保管庫から端末を取り出して準備し，「今日の『ココロとからだ』の天気」の入力をする。
・入力後，端末は机の中に入れておき，授業中いつでも使えるようにしておく。

本校の基本フォーム
　質問などは，担任がアレンジして，その学級らしさを出してもよいことにしている。

今日の「ココロとからだ」の天気

00306991@giga.sapporo-c.ed.jp アカウントを切り替える　　下書きを復元しました
*必須

メールアドレス *
メールアドレス

*
日付
yyyy/mm/dd

番号 *
選択　▼

名前 *
回答を入力

今日のあなたのからだの元気は？*

（安井政樹）

6 事前指導
日常の持ち帰りの周知
・ICT ツール　Google Classroom（ストリーム）

ねらい

①端末を日常的に持ち帰るために，家庭に「GIGA スクール構想」の意義や端末活用の目的を伝えるようにする。

②必要な準備や話し合わなければならないことなどを明確にして，家庭と連携した端末活用の環境をつくる。

事前指導

・学級活動で，適切な端末の使い方について学級で話し合い，持ち帰った際にどのように使うことが良いと思うのかをそれぞれの家庭で話し合うことを指導する。

準備

【ICT 担当者】

・全学級で行う学級活動のイメージを共有するため，GIGA 研修で実際に動画教材を視聴して模擬授業を行う。

活用の実際（学級活動 1 時間＋随時）

【教師】

・家庭での端末の使い方について学級で話し合いを行い，一人一人が端末を何のために，どのように使っていくのかを考えられるようにする。

【子ども】

・帰宅後，家庭での端末の使い方について家族と話し合い，ワークシートに記入する。

・家庭で話し合ったルール（ワークシート）を担任の先生に提出し，先生とも共有する。

・ワークシートを家庭に持ち帰り，見やすい場所に貼っておき，意識できるようにする。

【具体的な事例】

・本校では，ストリームの書き込み可能時間を「登校日の 8 時～15 時半」と設定している。その日に質問できなかったことは，基本的に翌日に書き込むという趣旨であり，働き方改革とも連動している。これを守れずストリームに投稿したり，課題として出された AI ドリルに取り組んだりする時刻が23時台の子どもがいた場合などには，担任が保管してあるその子の家庭のルールを基に連携した指導が可能になっている。

（安井政樹）

GIGA スクール環境を生かして　学びを豊かに
～児童一人につき一台の端末を貸与して日常的に活用し　ご家庭との協力で進めていきます～

1　はじめに　　端末は、何に使うの？

①学びを深めるために、幌北小学校では、例えばこんな活用をしています！　　（活用の様子は、本校 HP で！）

PC に慣れ親しみ、基本操作を身に付ける
・文字を速く打てる（タイピング）、必要な情報を探せる（検索力）といった情報活用能力を高めます。
・プログラミングアプリを通して、試行錯誤しながら考える力を高めます。

予習・復習・学び直し
・AI ドリルを活用し、その日の復習をしたり、次の学習を自主的に予習したりできます。
・前の学年の学び直しにも活用できます。

情報を集める！
・国語辞典のように言葉や文字を調べます。
・気になったことを追究します。
　（HP や動画など）

情報を共有する！
・友達と意見を見合います。
・協働編集で意見を出し合います。
・みんなの考えをグラフや AI テキストマイニング等で共有します。

情報を生み出す！
・ポスターやプレゼン、ショートムービーなどで、学びを表現します。
・サイト（HP）をつくり、学びの成果も発信することもできます。

②学級閉鎖等により、登校できない場合のオンライン学習支援にも活用します。

2　事前準備　　どんな準備が必要なの？

①持ち運びの際は、ランドセルの中に

　端末を安全に持ち運ぶため、ランドセルの中に入れるように指導をします。水筒は、ランドセルから出して持ち運ぶことになります。持ち歩くための紐が付いた水筒を使用していただくか、手提げバックなどに水筒を入れていただきます。なお、ランドセルではなく、リュックサックなどを使用する場合は、A4サイズの PC（Chromebook）が入るクッションケース（100 円ショップなどでも購入可）を使って破損しないようにすることをおすすめします。

端末はランドセルに

水筒は、ランドセルに入れません

手提げバックに入れるか
首から下げるか

リュックサックに入れるときはクッションケースに入れる

※落としたり、置き忘れてしまったりする可能性があるため、端末は手提げバックには、入れません。
※ランドセルに入れる場合でも、クッションケースに入れると、より安全に持ち運びが可能です。

②マイク付きイヤホン

　音声入力をしたり、個別に動画を視聴したりするために、「マイク付きイヤホン（3.5 ㎜ステレオミニプラグ）」を使用します。100 円ショップで購入することができます。商品の袋に名前を書き、保管のために使うと便利です。授業中は、片耳を必ず開けるようにしますので、片耳タイプでも両耳タイプでも OK です。

③充電器（USB-TypeC）

　本校で利用している Chromebook は、「USB タイプ C」という規格のもので充電が可能です。家電量販店などで取り扱われています。ニンテンドースイッチや iPad pro などでも使われている規格で、これらの充電アダプターを代用することができます。
　なお、ワット（W）数が、小さすぎると十分な充電ができない場合や時間がかなりかかってしまう場合もありますのでご注意ください（できれば、30W 以上を推奨）。なお、学校で利用している充電アダプターは 45W のものです。

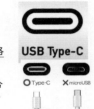

USB Type-C

○ Type-C　✕ microUSB

事前指導

1 年

2 年

3 年

4 年

5 年

6 年

3 ご家庭での利用　どんなことに気を付けるとよいの？

①使えるように設定を　〜家庭の Wi-Fi に接続する〜

　Chromebook をご家庭の Wi-Fi に接続してみてください。Wi-Fi 環境に接続するために
は、家庭の Wi-Fi ルーターの SSID やパスワードが必要となります。操作につきましては、機
器やメーカーの説明書をご確認ください。

※家庭での Chromebook を活用した学習に関わる通信費はご家庭の負担となりますので、
　お子さんと使用ルールを必ず話し合ってください。Wi-Fi 環境がない方は、担任までご相談ください。

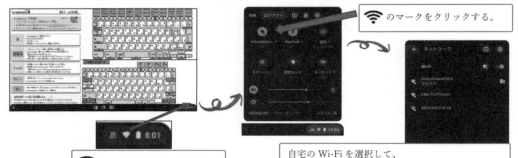

📶 のマークをクリックする。

📶 のマークをクリックする。

自宅の Wi-Fi を選択して、
　SSID とパスワードを入力してください。

②適切な使い方を　〜端末との付き合い方を話し合う〜

　学校では「学習のために使う」と指導しています。端末は、子ど
もたちにとってまだ目新しく、つい使いすぎてしまうこともあります。
インターネット検索は、自分が追究したいことを調べられるよさが
ある一方で、不適切な検索により、有害な情報と出合う可能性も
あります。個人情報の流出を防ぐことも大切です。なお、基本的な
フィルタリングはかけています。

　ご家庭で端末利用（ネット利用）について話し合うためのワー
クシートを後日配付します。各学級で基本的な指導をして、話し
合います。それをもとにご家庭で話し合い、「我が家のルール」
を記述してください。学校に提出後、コピーをとり原本は家庭にお
返しします。担任とも共有することで、お子さんが家庭のルールを
より一層意識できるようにしたいと考えています。

> ## 「家庭での使い方」
>
> ### ①家庭のルールを守らせる
> ・使う時間や場所など、ルールを意識させましょう。
> 　→目の健康の観点からも、使う時間を限定して、
> 　　約束を決めることをおすすめします。
> ### ②親の管理のもとで使う。基本は「預かる」
> ・使ってよい時間だけ、子どもに渡すようにしましょう。
> ・スマホと同様にインターネットでいろいろなことがで
> 　きてしまう危険性や可能性を周りの大人がよく学
> 　び、管理することが大切です。
> ### ③壊さないような管理を
> ・置きっぱなしにして「踏む」、「何かをこぼす」という
> 　ようなことがないように声かけをしましょう。

③使用状況を確かめる　〜大人の目が行き届くように〜

　お子さんが不適切な情報に触れることを防ぎ、個人情報を守るために、適宜「インターネットの履歴」を端末で確認してくだ
さい。いつ、何を見ているのか、どんな言葉で検索をしているのかなどを「履歴」で確かめることができます。これは、自分で削
除できない設定になっています。なお、「Scratch」や「Viscuit」などのプログラミングアプリで一見遊んでいるように見えても、
創作している場合があります。他人が作ったプログラムで遊んでいるだけであれば、学びになりませんが、このあたりをしっかり
見極めることも大切です。

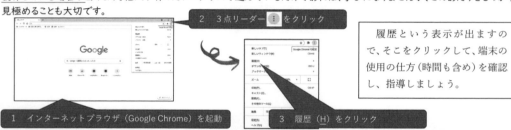

2　3点リーダー ⋮ をクリック

履歴という表示が出ますの
で、そこをクリックして、端末の
使用の仕方（時間も含め）を確認
し、指導しましょう。

1　インターネットブラウザ（Google Chrome）を起動

3　履歴（H）をクリック

7 事前指導
情報モラル指導（デジタルシティズンシップ教育）

ねらい

①貸与された端末をより適切に使うための方法を主体的に考えられるようにする。
②個人情報の保護という観点から，「ID やパスワードの管理」や「肖像権や著作権」などについて考え，端末を活用する際に気を付けたいことを意識させるようにする。

事前指導

・端末を何のために，どのように使うべきなのか，なんでも禁止というスタンスではなく，その都度，子どもや家庭と考えていくスタンスを教職員間で共有する。

準備

【ICT 担当者】
・教材を選定し，視聴する動画や指導案，ワークシートを準備する。
・GIGA 研修で，実際に動画教材を視聴し，その後話し合いを行う模擬授業を実施して，すべての学級で同様の学習ができるように共通理解を図る。

> ※ GIGA スクール元年である2021年度は，すべての学年で基本となる指導を実施した。
> ・情報化社会の新たな問題を考えるための教材（文部科学省の YouTube）を活用
> 　教材11「パスワードについて考えよう」
> 　教材19「学習用タブレットの上手な使い方」
> ・その他，学級の実態により必要に応じて，NHK for School（スマホ・リアル・ストーリー）も活用する
> ※次年度以降は，学年別に情報モラル教育（デジタルシティズンシップ教育）を実施

活用の実際（学級活動2時間＋随時）

【教師】
・動画教材を活用しながら，しないほうがよいことだけではなく，今後どのように使っていくことが大切なのかを話し合いながら，子どもが気付くように学習を展開する。

【子ども】
・動画教材を見て感じたことを語り合い，「気を付けたいこと」や「今後のよりよい使い方」について一人一人が考える。
・学級内での使い方についても目を向け，みんなで話し合いをしながら，その都度，自治的に解決していく。

（安井政樹）

8 事前指導
オンライン学習支援のためのオンライン会議体験
・ICT ツール　Zoom，Google Meet など，マイク付きイヤホン

ねらい

①オンライン会議を体験することで，休校や学級・学年閉鎖時にも，学び続けることができるようにする。

②誰もが使えるようにすることで，コロナ禍における感染対策をしながらでも交流できる可能性を広げる。

事前指導

・GIGA 研修で，Zoom と Google Meet（以下，Meet）両方のオンライン会議開催の手順，参加の仕方を確認し，自分の学級や校務部会などでオンライン会議ができるようにしておく。

準備

【ICT 担当者】

・GIGA 研修をオンラインで開催して，全担任に実際に参加の仕方を体験してもらうとともに，自分の学級でのオンライン会議の予約をしてもらう。

【教師】

・「パスワードを子どもでも入力しやすいものに」「入室時に参加者をミュートにする」などの設定に気を付けて，Zoom ミーティングを予約して，Classroom に投稿しておく。

活用の実際（朝の会や国語の「話すこと・聞くこと」単元など）

【教師】

・Zoom や Meet の参加手順と，ミュート，ビデオオンのボタンの意味を教えておく。

【子ども】

・マイク付きイヤホンを全員が付けた状態で，会議に参加する。

【具体的な事例】

・国語科の少人数で発表し合う活動などに日常的に利用していくことで，他の場面での活用が増えてきた。自分の教室にいながらの異学年交流や学年合同授業，ゲストティーチャーによる学習，他校とつなぐ遠隔学習など，様々な場面でオンラインを生かすことができた。意図的にこうした体験をさせておくことにより，急に学級閉鎖などで登校できなくなっても，すぐに家庭と学校をつないだオンライン学習支援が可能となった。

（安井政樹）

9 事前指導
デジタル学級日誌（学習予告＆学びの足跡）
・ICT ツール　Google Classroom, Google サイト

ねらい

①日常的に学級日誌を Classroom に掲載することで，欠席した時にも学び続けることができる状況をつくる。

②学びの足跡を残して情報にアクセスしやすくすることで，ポートフォリオ的に活用できるようにし，子どもたちが学習を振り返ったり結び付けたりしながら，学べるようにする。

事前指導

・朝の会の先生からの連絡を「Classroom を活用」しながら行うことで，欠席してもその日の学習が分かるようにするとともに，板書の写真や問題の答えなどを掲載していくこと（休み時間などその都度，遅くともその日の放課後に）を教職員で共有する。

・GIGA 研修で Google サイトの簡単な使い方を練習する。

準備

【ICT 担当者】

・Classroom で学習の予定を書き，その後情報を追加していくことで日誌にする試行をし，それを先生方に見てもらう。

・Classroom だけではなく，Google サイトを活用する例も示し，自分の学級でやりやすい形を模索するように全担任に伝える。

活用の実際（毎日）

【教師】

・朝の会で行う１日の連絡を，Classroom に投稿しておく。

・学年の段階により，係活動や日直の仕事にしてもよい。

・黒板を消す役割の子どもがいるのと同様に，黒板を撮影しアップする役割の子どもを育てるとよい。

【子ども】

・低学年は，担任が投稿する Classroom で予定を確認できるようにする。

・学年に応じて，自分たちで予定や日誌を書き込み，欠席者に教室の様子を伝えたり，学級の学びを記録したりしていく。

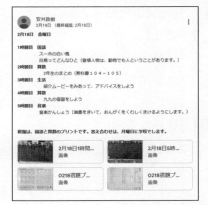

（安井政樹）

事前指導

委員会活動やクラブ活動での端末活用

・ICT ツール　Google Classroom，Google スプレッドシート

ねらい

①授業だけではなく委員会活動やクラブ活動などでも端末を活用し，学級や学年を超えて情報共有できるようにする。

②希望調査や名簿作成，委員会の活動記録ノートなどをデジタル化し，効率化を図る。

事前指導

・学級会で委員会の所属を決定しておく。

・クラブ活動の希望の仕方を指導する。

準備

【ICT 担当者】

・所属委員会，希望するクラブ名などを入力できるフォームを作成しておく。

・Google スプレッドシート（以下，スプレッドシート）で，委員会ノートとクラブノートの原版を作成しておく。基本的なことは，書記が入力するとすべてのシートに反映されるようにしておく。

活用の実際（学級活動1時間＋活動時）

【教師】

・（各学級）自分の学級の Classroom に，入力するフォームを掲載しておく。

・（委員会・クラブ担当者）フォームの結果をソートし，委員会名簿を作成したり，クラブ活動希望調査結果を基に所属を決定したりする。

【子ども】

・（年度当初）委員会の所属と，希望するクラブ名を入力する。

・（活動時）書記が基本的なことを入力，各自のメモや考えなどをそれぞれ入力する。

・（日常的）Classroom で連絡をし合ったり，打ち合わせをしたりする。

【具体的な事例】

・委員会やクラブの Classroom もあるため，学年や学級を超えて，Classroom 上で連絡を取り合ったり，打ち合わせをしたりする様子が見られた。話し合った板書を撮影して共有したり，全員が同じことをメモする必要がなくなったため，活動中の書く時間が削減でき，ぎりぎりまで話し合ったり準備したりする活動時間の確保につながった。　　　　（安井政樹）

11 事前指導
学習リンクやクラスサイト
・ICT ツール　Google サイト

ねらい

① Google サイトで学習リンクを作成し，全校で共有するとともに，各学年で使えるサイトを登録していくことで，年度を超えて次の学年でも活用できるようにする。
②各学級のサイトを作り，どの学級からも見ることができるようにすることで，各学級の取り組みや，サイト作りの工夫などを共有できるようにする。

事前指導

・GIGA 研修で全担任が使えるようにするとともに，４年生以上には，サイトの作り方を指導しておく。

準備

【ICT 担当者】
・学習リンク集の基本構造を作成しておき，学年ごとに使えるリンク集を追記したり，各学級のサイトを追加したりできるようにしておく。

活用の実際（日常的に）

「全校共通の学習リンク集」

【教師】
・（低学年）学びの足跡を記録したり，作品を掲載するなど，学級の情報を発信するサイトを作り，情報発信のイメージをもたせる。

・（中・高学年）教科のまとめ，学級日誌，係活動など子どもと話し合いながら，クラスサイトを活用していく。

【子ども】
・（中・高学年）自分たちで，学んだことや係や委員会のことなどを発信するために，クラスサイトに書き込む。

（安井政樹）

事前指導

1年

2年

3年

4年

5年

6年

12 事前指導
プログラミング入門
・ICT ツール　Google Classroom，インターネット検索，プログラミング学習環境（Viscuit など）

ねらい

①すべての学年で日常的にプログラミングに慣れ親しむことで，プログラミング的思考を育むことができるようにするとともに，教科におけるプログラミング学習などでその力を発揮できるようにする。

事前指導

・GIGA 研修で，入門期に使えるプログラミングとして「Viscuit」「LINE entry」「Scratch」を体験し，どの学年も図画工作科などの教科や休み時間などで触らせていくことを確認する。

準備

【ICT 担当者】

・GIGA 研修で，それぞれの使い方を体験的な学びだけではなく，実際にどのような授業で使えそうかという情報提供を行う。

活用の実際（日常的に）

【教師】

・学年により，インターネットで検索したり，Classroom にリンクを貼ったりして，子どもたちがアクセスできるように指導する。

・基本操作のみを担任が大型モニタで見せ，その後は，子どもたちが自由に触れる時間を確保する。

【子ども】

・教師の説明を基に，プログラミングを楽しむ。

・休み時間や端末持ち帰り時などでもプログラミングをして表現を楽しむ。

【具体的な事例】

・本校では，1年生が休み時間に自由帳でお絵かきをするように，Viscuit でお絵かきをしたり，2年生が Scratch でゲームを作成したりして遊ぶなど，低学年でも日常的にプログラミングを試行錯誤しながら楽しむ姿が見られた。学び方を学べるように，チュートリアルの活用の仕方を教えることで，主体的に追究していた。その結果，教師でもできないようなプログラミングをして，自由研究として作品を作る子どもも見られるようになった。

（安井政樹）

13 事前指導
タイピング練習
・ICT ツール　タイピングサイト

ねらい

①楽しみながらタイピングを日常的にすることによって，文字入力をスムーズにできるように，教科等における端末活用の効果をさらに上げるようにする。

事前指導

・GIGA 研修で，タイピングサイトを探し，子どもが楽しめそうなタイピングサイトを教職員で共有する。

準備

【ICT 担当者】

・タイピングサイトを学習リンク集に掲載し，どの学級からも簡単にアクセスできるようにする。

活用の実際（日常的に）

【教師】

・自分の学級の子どもたちでもできそうなサイトを紹介し，アクセスの仕方と基本的な操作の仕方を教える。

【子ども】

・休み時間や端末持ち帰り時などに，タイピングアプリを楽しみながら，日常的にチャレンジすることで，タイピングの力を付ける。

【本校で利用している　タイピング練習サイト】

■ココアの桃太郎たいぴんぐ　https://pokedebi.com/game/momotype/

■プレイグラムタイピング　https://typing.playgram.jp

■寿司打　http://typingx0.net/sushida/

■みんなでプログラミング（まなびポケット経由）

■キーボー島アドベンチャー　https://kb-kentei.net

（参照：2022年3月31日）

（安井政樹）

14 GIGA じまい　年度更新

・ICT ツール　Google Classroom，Google ドライブ

ねらい

①その年度に使用したファイルを整理したり，中学校進学に向けてファイルを共有したりすることで，次年度以降に，今年度の学びの成果を利用できるようにする。

②（卒業生）端末を返納しそれを新１年生が利用することを実感することで，中学校で貸与される端末をより適切に使おうとする態度を養う。

③春休み中も持ち帰ることで，学び直しに端末を活用できるようにする。

事前指導

・GIGA 研修で，GIGA じまいの指導，手順について共通理解をしておく。

準備

【ICT 担当者】

・春休みの持ち帰り用の家庭周知プリント，家庭でのルールの話し合いワークシートを準備する。

活用の実際（学級活動１時間）

【教師】

・破損などを確認し，必要に応じて春季休業中に修理対応などを行う。

・充電保管庫内の充電器の数を確認し，新年度の在籍数になるように調整を行う。

・始業式・入学式の日にアカウントの年度更新を行い，新年度の Classroom などを設定する。

【子ども（１～５年生）】

・今年度作成したファイルをマイドライブのその年度のフォルダを作って整理する。端末本体にあるファイルがなくなるように移動するか削除する。整理番号用シール，端末本体の破損などの点検をする。

・春休み中に家庭で端末（ＡＩドリル等）を活用して，学び直しを行う。

【子ども（卒業生）】

・Google ドライブ（以下，ドライブ）のマイドライブ内に共有フォルダを作り，自分だけに共有をかけておく。進学後，中学校で与えられるアカウントと共有をかけ，必要なファイルを取り出す。

・新１年生が端末を使えるように，初期状態にした端末を校長先生に返却する。　　　（安井政樹）

15 1年の活用アイデア【特別活動（学級活動）】
GIGA びらき
・パスワードシート（紙）

ねらい

① Chromebook のログインを一人でできるようにする。

② Chromebook を使う時の基本的なルールを理解し，守ることができるようにする。

事前指導

・先生が話す時は，Chromebook に触れないことを徹底する。

・困ったことがある場合は，手を挙げて待つことを徹底する。

準備

【教師】

・子どもの ID とパスワードで一度ログインし，動作確認をするとともに，アカウント情報を端末に残す。その際，パスワードシートに，子どものパスワードで使用するキーを赤ペンで囲み，しるしを付けておく。

・ID とパスワードが書いてある「個人カード」を右下に貼っておく。

活用の実際（第1時／全1時間）

【教師】

・パスワードを入れる場所にカーソルを合わせること，カードに書いてある順にキーを押すことなど，演示する。

・入力が終わった後は静かに待つよう指示をする。

【子ども】

・パスワードシートを見ながら，パスワードを入力し，ログインする。

・端末の楽しさを知るために，Google Earth など指で操作できるアプリで慣れ親しむ。

「パスワードシート」

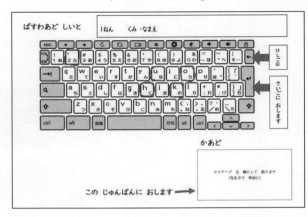

（桂川彩奈）

1年の活用アイデア【国語】

文をつくろう

・ICT ツール　Google Jamboard（オクリンク，ロイロノートなどでも可能）

ねらい

① 「○○は，～～する。」という文の構造を理解し，書くことができる。
② Google Jamboard（以下，Jamboard）のカメラ機能，付箋機能を活用することができる。

事前指導

・Chromebook で文字入力（手書き）をできるようにする。
・Classroom を開き，教師が投稿したファイルを開けるようにする。

準備

【教師】
・出席番号ごとに使う Jamboard を作成し，1 枚ずつ子どもの名前を入れておき，
　Classroom に投稿する。

活用の実際（第4時／全4時間）

【教師】
・一人一人が使う Jamboard のファイルを説明し，自分の名前のあるページで作業すること
　を伝える。
・付箋機能の使い方，写真の撮り方を説明する。

【子ども】
・「○○は，～～する。」という文を書いた自分のノートを撮影する。
・友達のノート（写真）を見て，付箋機能でコメントし合い，互いの良さを見つけたり，より
　多くの文を見たりする。

「作成した Jamboard の様子」

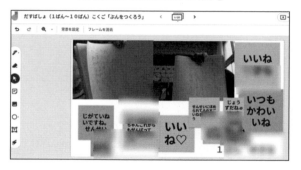

（桂川彩奈）

17 1年の活用アイデア【国語】
くちばし－くちばしクイズをつくろう－
・ICTツール　Google Jamboard（オクリンク，ロイロノートなどでも可能）

ねらい

①説明文を読み，文の構成（問いかけと答え）を理解する。

②自分の興味をもったものの，形や使い方などに着目し，クイズを作成することができる。

事前指導

・Chromebookで，写真の印刷，トリミングの方法を習得させておく。

・Jamboardで，写真の挿入の仕方などの基本操作を習得させておく。

準備

【子ども】

・新規Jamboardを作成し，ファイル名を自分の名前にしておく。

活用の実際（第7～8時／全8時間）

【教師】

・写真を2パターン撮影し，「ヒント＋これはなんでしょう？」と話すよう指導する。

（実際に担任がやって見せる。）

【子ども】

・問題にしたいものの写真を2枚撮り，1枚を一部分のみが映るようトリミングする。

・撮影したものの特徴からクイズを作成し，出題の練習をする。

・これはなんでしょう？クイズ大会をする。

「クイズのための写真」

（桂川彩奈）

ねらい

①場面の様子を想像することができるようになる。

②自分たちの音読劇の様子を動画で見ることで，改善点を見つけ，より伝わる音読をしようとすることができる。

事前指導

・大きなかぶの音読劇をゴールとした学習計画を立てる。

・カメラで自分たちの姿を動画撮影したり，再生したりすることができるようにしておく。

・互いにアドバイスをし合いながら改善していくという学び方を教えておく。

準備

【教師】

・場の設定として，家の場所やかぶの場所は決めておく。

【子ども】

・場面ごとに役割を決めておく。

・グループで誰の端末を使用するかを決めておく。

活用の実際（第7〜8時／全8時間）

【教師】

・どの場所でどのグループが練習するかを決めておく。

・最終的に全場面の様子を動画に撮り，編集して一つの音読劇のファイルにする。

【子ども】

・それぞれの場所へ移動して，グループごとに活動し，よりよい音読を目指す。

・自分たちの音読劇を撮影し，動画を見てアドバイスをし合いながら，さらに練習を繰り返す。

「音読劇をしている様子」

（桂川彩奈）

19 1年の活用アイデア【国語】
おむすびころりん

・ICT ツール　カメラ（動画撮影）（Google Jamboard, オクリンク, ロイロノートなどでも可能）, マイク付きイヤホン

ねらい

①場面の様子を想像し, 楽しく音読をすることができる。

②自分の音読の様子を動画で確認し, 改善点を見つけ, さらによくしようと目標をもちながら音読することができる。

事前指導

・マイク付きイヤホンを用いての動画撮影の仕方, 再生の仕方を説明しておく。

準備

【子ども】

・マイク付きイヤホンを準備しておく。

活用の実際（第2～5時／全5時間）

【教師】

・音読の様子を動画に撮り, 再生して聞く様子を実際に見せ, 見通しをもたせる。

・一度子どもに動画を撮影させ, 再生した後に, 改善したいところを尋ねて, 動画を生かした音読練習の仕方を伝える。

【子ども】

・動画を撮影し, その後, 再生して自分の音読を聞いて, 改善点を見つける。

・自分なりの目標をもち, 練習を積み重ね, 場面の様子が伝わるような音読を目指す。

【具体的な事例】

・音読で気を付けたいポイントなどを語り合い, ルーブリックを設定する。自分なりに気を付けたいことを明確にした上で, 友達と互いに音読を聞いてアドバイスをするという活動をまず行う。この活動により, ポイントやルーブリックを意識して音読を聞くという経験をさせる。その上で, 自分の音読を聞いてみると, もっとこうしたいが生まれる。授業の最後には, 「最初の音読」と「最後の音読」の聞き比べをすることで, 自らの成長を感じたり, 練習の良さを実感したりできる。

（桂川彩奈）

1年の活用アイデア【国語】

うみのかくれんぼ
―うみのかくれんぼブックをつくろう―

・ICTツール　Google Jamboard（オクリンク，ロイロノートなどでも可能）

ねらい

①説明文の構造（生き物の名前，すみか，からだの特徴，隠れ方）を理解することができる。
②説明文の構造を生かして，自分で生き物を説明する文を書くことができる。

事前指導

・Jamboardで，共有ドライブに入っている画像を挿入する方法を知らせる。
・名前：青，すみか：赤，などと付箋の色を決めておく。

準備

【教師】
・教科書と同じ文章構成の資料を作成しておく。
・写真を共有ドライブに入れておく。
・紙で書きたい子どものために，紙のワークシートも用意しておく。

活用の実際（第3，5，7，8～9時／全10時間）

【教師】
・板書に「名前，すみか，特徴，隠れ方」の4つが分かるよう，整理する。
・Jamboardを用いて，かくれんぼブックの作り方を例示しておく。

【子ども】
・教科書本文を基に，「名前，すみか，特徴，隠れ方」の4つを意識して読み取り，Jamboardでかくれんぼブックを作成する。
・それぞれが作ったオリジナルのかくれんぼブックを互いに見合い，いろいろな生き物に触れながら，さらにやってみようという意欲を高める。

「作成したうみのかくれんぼブックの1ページ」

（桂川彩奈）

21　1年の活用アイデア【算数】
じんとりゲームをしよう（くらべかた）
・ICT ツール　Google Classroom（ストリーム），算数アプリ（NUMBER FRAMES）

ねらい

①方眼を使った陣取り遊びに取り組むことで，陣地の広さをマス目のいくつ分で表して比べることができるようにする。

事前指導

・算数アプリ（The Math Learning Center の Web アプリ），NUMBER FRAMES を使い，自分の陣地を表す○の挿入の仕方や書き込みの仕方を教え，練習しておく。

準備

【教師】

・Classroom のストリームに算数アプリ（NUMBER FRAMES）のリンクを貼っておく。
(https://apps.mathlearningcenter.org/number-frames/)

活用の実際 （第9時／全9時間）

【教師】

・操作の様子を大型モニタで示し，ルールを説明して見通しをもたせる。

【子ども】

・各自の端末を使い，陣取りゲームを行う。

・マス目を数えて勝敗を決定し，「ある大きさを単位として，そのいくつ分とみることができる」ということを知る。

「陣取りゲームの様子」

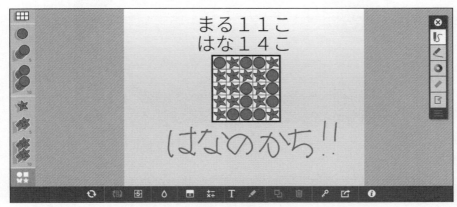

（小畑香乃）

おうちでさがそう　いろいろなかたち（かたちあそび）

・ICT ツール　カメラ，オクリンク（Google Jamboard，ロイロノートなどでも可能），
　Google Classroom（ストリーム）

ねらい

①ものの形に着目し，オクリンク（まなびポケット）にまとめることで，身の回りにあるもの
　の特徴を捉えらえるようにする。

事前指導

・「箱の形」「さいころの形」「つつの形」「ボールの形」に仲間分けすることを伝える。
・写真を撮影し，形の種類や特徴なども付け加えてオクリンクにまとめることを伝える。

準備

【教師】
・オクリンクで，時間割に『算数』「いろいろなかたち」を設定する。

活用の実際（第2時終了後／全5時間）

【教師】
・教師が作成した見本と説明を Classroom のストリームに貼り，活動内容の見通しをもたせる。
【子ども】
・家にあるものの中で，4種類の形に分類されるものを撮影し，オクリンクに挿入する。
・「どの形に分類されるのか。」「どのような特徴があるのか。」を入れる。

「子どもが見つけたかたち」

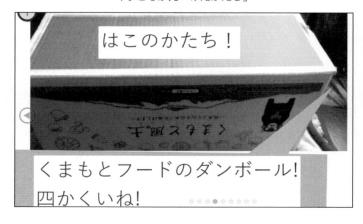

（小畑香乃）

23 1年の活用アイデア【生活】
わくわくどきどき　しょうがっこう（学校探検）
・ICT ツール　カメラ，Google Jamboard（オクリンク，ロイロノートなどでも可能），
Google Classroom

ねらい

①小学校で働く人にインタビューし，名前や仕事内容が分かるよう記録し交流しやすくする。
② Jamboard で調べたことをまとめることで，情報を整理できるようにする。

事前指導

・Jamboard 内のカメラ機能を使って，写真撮影の仕方を練習する。
・付箋の挿入の仕方，文字入力（手書き）の仕方を練習する。

準備

【教師】
・Jamboard で一人一人のページを作成し，出席番号や名前を入れておく。
・Classroom に『生活』「わくわくどきどき　しょうがっこう」のファイルを作る。

活用の実際（第9〜10時／全16時間）

【教師】
・Jamboard を大型モニタで示し，作業の見通しをもたせる。
【子ども】
・先生方の写真（紙で担任が用意）を撮影し，挿入する。
・先生方にインタビューした内容をまとめたメモを見ながら，付箋に「先生の名前」「仕事内容」「先生の好きなもの」などをまとめる。

「学校探検後のまとめの一例」

（小畑香乃）

1年の活用アイデア【生活】

なかよくなろうね　小さなともだち（いきものしらべ）

・ICTツール　カメラ，Google Jamboard（オクリンク，ロイロノートなどでも可能），
　Google Classroom，Google ドライブ

ねらい

①身の回りにある小さな生き物（主に虫）を観察したり，育て方やすみかなどを調べたりして，生き物に愛着をもつことができるようにする。

②Jamboard で調べたことをまとめることで，情報を整理できるようにする。

事前指導

・紙の本にしてまとめる，Jamboard でまとめる，の選択肢を与え，選択させる。

・Jamboard を選択した子どもに，付箋や写真の挿入の仕方を確認する。共有ドライブ内の『生活』フォルダに作品を入れることを伝える。

準備

【教師】

・Jamboard で一人一人のページを作成し，出席番号や名前を入れておく。

・Classroom に『生活』「なかよくなろうね　小さなともだち」のファイルを作る。

活用の実際（第8〜10時／全10時間）

【教師】

・ドライブから，虫の写真を検索し，挿入する方法を教える。

【子ども】

・虫について調べた内容をまとめたメモを見ながら，付箋に「すみか」「食べ物」「育て方」などをまとめる。

「いきものしらべの一例」

（小畑香乃）

25 1年の活用アイデア【音楽】
ほしぞらの ようすをあらわす おんがくをつくろう
・ICT ツール　カメラ，オクリンク（Google Jamboard，ロイロノートなどでも可能），
　Google Classroom（ストリーム），録音アプリ

ねらい

①オクリンクで「ほしぞら」のイメージを共有し，音の強さや長さ，高さなど，楽器をどのように鳴らすのかを考えることができるようにする。

事前指導

・「ゆうがた」「よる」「あさ」の場面について，イメージを共有する。
・そのイメージを音で表すために，どのような工夫をするかをオクリンクでまとめることを伝える。

準備

【教師】
・オクリンクで，時間割に『音楽』「ほしぞらのおんがく」を設定する。

活用の実際（第1～2時／全4時間）

【教師】
・教師が作成した見本と説明を Classroom のストリームに貼り，活動内容の見通しをもたせる。
【子ども】
・「ゆうがた」「よる」「あさ」の中から，一つ場面を選び，イメージに合う音の鳴らし方などを考えてオクリンクにまとめる。
・オクリンクでまとめられた一人一人の考えを見ながら，グループで音の強さや長さ，高さなど，楽器をどのように鳴らすのかを考える。

「おんがくづくりの一例」

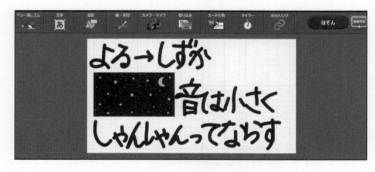

（小畑香乃）

26 1年の活用アイデア【図画工作】
すきまちゃんの　すきな　すきま
・ICT ツール　カメラ，Google Jamboard（オクリンク，ロイロノートなどでも可能），
Google Classroom

ねらい

①自分の作った「すきまちゃん」を置く場所を，写真を撮って見る機会を設けることで，「もっと○○したらよい。」という思いを引き出す。

②一人一人が撮った写真を，共有ドライブに保存することで，学級全員で見て友達の作品の良さを感じられるようにする。

事前指導

・Jamboard を共有ドライブに保存する方法を教える。

・Jamboard で，写真の挿入の仕方やトリミングの仕方などの基本操作を習得させる。

準備

【教師】

・共有ドライブに『図工』「すきまちゃんの　すきな　すきま」のフォルダを作る。

活用の実際（第1〜2時／全2時間）

【教師】

・すきまちゃんを置く場所の試し方，すきまちゃんを写すための撮影方法を教える。

【子ども】

・「すきまちゃんは　どんなところに　いるのかな。」という問いをもち，教室や廊下などいろいろなところにすきまちゃんを実際に置いて，写真を撮る。

・撮った写真を友達と見合いながら，「もっと○○したらいいよ。」とアドバイスをし合う。

「子どもの作品の一例」

（小畑香乃）

27 1年の活用アイデア【体育】
マット運動遊びで　友達と教え合おう
・ICTツール　カメラ（動画撮影）（オクリンク，ロイロノートなどでも可能）

ねらい

①友達の運動する様子を動画で撮影し見合うことで，さらにマットを使った運動遊びの工夫の
　ポイントを考えたり，思いを伝え合ったりできるようにする。

事前指導

・動画撮影の仕方，動画の見方，動画保存の仕方を確認する。

準備

【教師】

・共有ドライブの中に『体育』「マットうんどうあそび」というフォルダを作る。

活用の実際（第4時／全4時間）

【教師】

・体育科の授業でChromebookを使う時のルール（置き場所，どのような時に使うのか）を
　確認する。

【子ども】

・友達がマット運動遊びをする様子を撮影する。

・撮影した動画を見ながら，「もっと〇〇したらいい。」とアドバイスをし合う。

【具体的な事例】

・1年生は，自分ではできたつもりでも，実際にはできていないということがよくある。特
　に，自分で見えていない部分をメタ認知することは，かなり難しい。前転をしている友達を
　近くで見ていても，見えているようで見えていない。速すぎることと，どこを見てよいかが
　やはり分からないのである。そこで，前転の様子を撮影して，みんなで動画を見直しながら，
　どこを見るかを確認してみることで，「頭のてっぺんがついているよ」「途中でマットを押し
　て起き上がっているよ」と気付いたり，アドバイスしたりすることができるようになる。そ
　の後，各ペアで撮影し動画で確認する経験を積み重ねていった。この活動が，「動きを注意
　深く見る力」にもつながり，他の種目におけるアドバイスをし合う学習にも生かされた。

（小畑香乃）

事前指導　1年　2年　3年　4年　5年　6年

1年の活用アイデア【道徳】
はしのうえのおおかみ
・ICT ツール　オクリンク，ロイロノート（Google Jamboard などでも可能）

ねらい

①くまに親切にされた時，おおかみがどう感じたのか想像することができる。
②くまに親切にされて心を入れ替えることを捉え，相手に親切にされることの良さについて考えられるようにする。

事前指導

・図形の挿入機能，トリミング機能，文字入力機能などを指導しておく。

準備

【教師】
・デジタル紙芝居を作成した際に使用した挿絵を入れたカードをオクリンクで送る。

活用の実際（第1時／全1時間）

【教師】
・挿絵を撮影したものを大型モニタに映し出し，デジタル紙芝居で本文を読む。
・お話の中で，おおかみの行動が変わったことを捉えさせる。
・おおかみの気持ちに変化があったことを捉え，どの絵の部分で変わったと思うか問う。

【子ども】
・おおかみは，どの絵の時に気持ちが変わったのか考える。
・変わったと思う部分の挿絵に，吹き出しを使って言葉を入れる。

「おおかみの気持ちが変わった部分のセリフ」

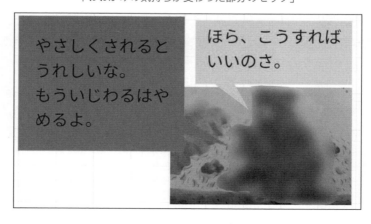

（桂川彩奈）

29 1年の活用アイデア【オンライン在宅学習支援★持ち帰り】
閉鎖時も学び続けよう

・ICT ツール　Google Classroom, Zoom（Google Meet, Microsoft Teams などでも可能）
　ドリルパーク，オクリンク

ねらい

①オンラインで在宅学習支援を行うことにより，学級閉鎖時や長期欠席時にも，学び続けることができるようにする。

②学級閉鎖時でも学校とのつながりを確保し，不安感を取り除くなどの心のケアを行う。

事前指導

・毎朝，各自で Classroom を確認し，1日の時間割を見て活動するよう指導する。

・Zoom を使い，マイクやカメラのオン／オフが自分でできるようにしておく。

・学習の幅を広げるため，ドリルパークやオクリンクなどを活用できるようにしておく。

準備

【教師】

・Zoom の予約，ドリルパークの宿題投稿，オクリンクのボード作成などを行う。

・朝，1日の時間割を投稿する。（オクリンクを用いた課題，NHK for School の視聴，ドリルパークでの学習，プリント学習などを行う。）

【子ども】

・学級閉鎖時（または毎日）Chromebook を持ち帰る。

活用の実際（学級閉鎖時）

【教師】

・朝，時間割を投稿し，Zoom 朝の会で，1日の学習の流れ（特に，オクリンクの学習の仕方など）を説明する。また，Classroom のコメントを活用し，質問などを受ける。

・ドリルパークやオクリンクで，子どもの学習状況を確認する。

「在宅学習支援の Classroom の書き込み」

・Zoom 帰りの会で，学習の解説をしたり，質問を受けたりする。適宜，じゃんけんやクイズなどを取り入れ，楽しんで活動を行うことができるようにする。

【子ども】

・朝，1日の時間割を確認し，学習に取り組む。

・Zoom 朝の会，Zoom 帰りの会に参加する。（任意）

★あさのかい（9：15〜）
【ズームを ひらきます】
　Zoomミーティングに参加する
　https://zoom.us/

★2じかんめ（9：45ごろ〜10：20）
【こくご，さんすう（プリント）】
　・さんすう⑥，さんすう⑦，さんすう⑧　の　プリントをする。
　・こくご⑥，こくご⑦，こくご⑧　の　プリントをする。

★3じかんめ（10：45〜11：30）
【こくご，さんすう（ドリルパーク）どうが】
　・ドリルパークの　しゅくだいを　する。
　・カタカナで　かくことば（ことばドリル）の　どうがを　見る。
　　（したの　ところを　おすと　見られるよ。）

（桂川彩奈）

お手紙－音読劇をしよう－

・ICTツール　カメラ，オクリンク（録音アプリ，ロイロノートなどでも可能），マイク付きイヤホン

ねらい

①自分の音読を聞いて，もっと伝わるようにと，自己の学びの調整をできるようにする。
②1年生に聞いてもらおうという目的意識をもって音読し，表情豊かに読めるようにする。

事前指導

・音読劇のイメージとして，朗読を聞き（YouTubeやデジタル教科書など）で「音読」を聞く経験をしておく。
・オクリンクで，ペイントや録音，写真を入れる練習をしておく。

準備

【教師】
・オクリンクで，時間割に『国語』「お手紙」を設定する。

活用の実際（第10～11時／全12時間）

【教師】
・音読劇の作成イメージを大型モニタで示し，見通しをもたせる。
　（オクリンクで，実際に挿絵を撮影し，録音する様子を見せる。）

【子ども】
・マイク付きイヤホンを活用して，自分の音読を録音する。
・ペアの友達に聞いてもらって，気持ちを込めているかについてアドバイスをし合う。
・さらに良くなるように，録音をして改善しながら，音読劇を完成させる。

「『場面ごとの挿絵（撮影）』とその場面の『音声データ（録音）』をつなぎ合わせた様子」

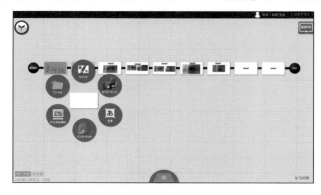

（安井政樹）

31 2年の活用アイデア【国語】
同じ部分をもつ漢字

・ICT ツール　プログラミング学習環境（Viscuit など）

ねらい

①部首に着目をして，漢字への興味関心を高める。

② Viscuit で表現することで，楽しみながら，同じ部分をもつ漢字を学ぶことができる。

事前指導

・日常的に Viscuit に触れる機会をつくり，基本操作ができるようにしておく。

準備

【教師】

・子どもたちがイメージできるように簡単な作品例を作っておく。

活用の実際（第1〜2時／全2時間）

【教師】

・教科書で，同じ部分をもつ漢字について扱い，これを Viscuit でゲームにしてみることを伝える。

・簡単な例を実際に Viscuit で作成し，見本として示す。

【子ども】

・同じ部分をもつ漢字集めをノートでする。

・それを基に，同じ部分をもつ漢字でゲーム作りをする。

・友達のゲームをしながら，発見した文字を，さらにノートに書きたす。

「子どもたちが作った同じ部分をもつ漢字のゲーム」

（安井政樹）

ようすをあらわすことば－ことばについて考えよう－

・ICT ツール　Google Jamboard，オクリンク

ねらい

①身近な事物の内容を表す言葉の存在に気付き，その語句量を増やして実際に使えるようにし，語彙を豊かにできるようにする。

②語と語，文と文との続き方に注意しながら，つながりのある文章を書けるようにする。

事前指導

・教科書の挿絵から雨の様子を表す言葉を考え，様子を表す言葉を分類する。

・教材文を読み，様子を表す言葉の種類（形容詞・形容動詞，擬態語・擬音語，比喩）を知っておく。

準備

【教師】

・オクリンクで，時間割に『国語』「お手紙」を設定する。

活用の実際（第3～4時／全4時間）

【教師】

・教科書の挿絵を見て，様子を表す言葉を大型モニタ上に示し，見通しをもたせる。

　（Jamboard 上で，3色の付箋に書き込んで分類し，文を作る様子を見せる。）

【子ども】

・挿絵の様子を表す言葉で，形容詞・形容動詞は黄色付箋に，擬態語・擬音語は緑付箋に，比喩は青付箋に書き，色別に分類する。また，挿絵を表す基本となる文も作っておく。

・分類された付箋の中から，基本となる文にいずれか一つ使って，挿絵の様子を表す。

・分類した付箋と異なる色の付箋を使って，挿絵の様子を作文する。

「分類した付箋を基本の文につなぎ合わせた様子」

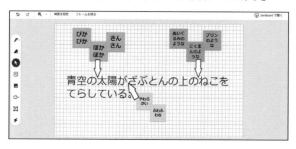

（宇野太士）

33　2年の活用アイデア【算数】

長い長さ図鑑をつくろう（1m, 100m, 1kmってどのくらい？）

・ICTツール　カメラ，Google Jamboard（ロイロノート，オクリンクなどでも可能），
　Google Earth

ねらい

①ものさしを使ったり地図上で長さを測定したりすることで，長さの量感をもてるようにする。

事前指導

・1メートルものさしの扱い方を指導しておく。
・Google Earthの縮尺表示の意味を説明し，スクリーンショットの仕方を教える。

準備

【教師】

・Jamboardやオクリンクで，長さ図鑑の作品例を作っておく。

活用の実際（第4時／全5時間）

【教師】

・教室にある実物を写真で撮り，測った長さを記したり，Google Earthで学校から駅までの距離を記したりしてある「長さ図鑑」を例示し，オリジナル図鑑を作ることを伝える。

【子ども】

・二人一組で，1メートルものさしを使って実際に長さを測定したり，Google Earthで近くの駅や公園，知っている町などの距離を測ったりして，長さ図鑑を作る。

「子どもたちが作った長さ図鑑の一例」

廊下

たて83m
(8300cm)
よこ3m90cm
(390cm)

（安井政樹）

工夫して計算しよう

・ICTツール　Google Classroom，算数アプリ（NUMBER FRAMES）

ねらい

①数のまとまりを感じて，かけ算をもちいて工夫して計算することができる。

事前指導

・図の中から数のまとまりを見つけて，線で囲み，かけ算で求められるようにしておく。

準備

【教師】

・NUMBER FRAMESで，配付する図を作成しておき，共有のリンクをClassroomに投稿しておく。

活用の実際（第4時／全5時間）

【教師】

・算数アプリ（NUMBER FRAMES）の使い方を教える。

【子ども】

・Classroomからダウンロードした図に，考え方を書き込み，提出する。

・友達のいろいろな見方を見ながら，工夫して計算する良さに気付く。

「子どもたちが考えた工夫して計算する例」

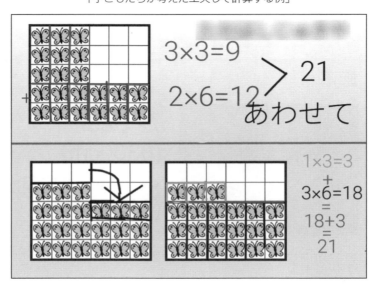

（安井政樹）

35 2年の活用アイデア【算数】
問題を絵で表そう
・ICTツール　オクリンク（ロイロノート，Google Jamboard などでも可能）

ねらい

①問題場面を具体的にイメージして考えられるようにして，演算を判断できるようにする。

②自分たちで問題を出し合い，問題文に必要な情報を考えられるようにする。

事前指導

・オクリンクで絵や式，答えをかけるように指導しておく。

準備

【教師】

・例題の準備（オクリンクで全員に配付する。）→絵にする良さを感じるものを2問目に

　1）サクランボが，4つあります。ぜんぶでなんつぶありますか。

　2）木を5本うえます。間を3mにします。はしからはしまで，何mでしょう。

活用の実際（第4時／全5時間）

【教師】

・問題を配付し，画面の一覧で，学びの状況を捉える。

【子ども】

・問題を絵や文，数式などで表す。

・いくつかの例を提示して，良さや間違いやすいポイントを確認する。

・次時は，問題作りに取り組む。（友達と問題を出し合って楽しむ。）

「問題を絵で表現した様子」

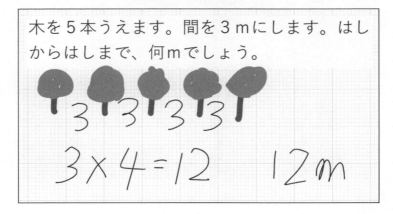

（安井政樹）

直角を探してみよう

・ICT ツール　カメラ, Google Classroom, Google Jamboard（ロイロノート, オクリンクなどでも可能）

ねらい

①身近なものにある「直角」を探す活動を通して，直角の概念を理解する。

事前指導

・三角定規を用いた直角の探し方を教室で練習しておく。

準備

【教師】

・撮影したものの提出場所（Classroom の課題）を作っておく。

活用の実際（第３時終了後／全５時間）

【教師】

・家庭にある直角をたくさん見つけて報告するように課題を出す。

【子ども】

・家庭で見つけた直角を端末で撮影し，提出する。

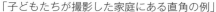
「子どもたちが撮影した家庭にある直角の例」

（安井政樹）

37 2年の活用アイデア【生活】
町たんけん－お店紹介ムービーをとろう－
・ICTツール　カメラ（動画撮影），Google Classroom

ねらい

①好きなお店やおすすめのお店など，身近な生活に目を向けて，そこで働く人の気持ちを考え
　たり，関わろうとしたりする。
②相手意識をもって，自分がおすすめだと思うことを表現する。

事前指導

・ビデオレポートのイメージをもつ。
・校内で「おすすめのお部屋紹介ビデオ」を撮影して，練習しておく。
・探検に行く前に，紹介のために撮影に行くお店やセリフを決めておく。

準備

【教師】
・撮影したものの提出場所（Classroomの課題）を作っておく。
【子ども】
・ペアで，どちらの端末を使うかを決めておく。
・校内探検…紹介したい場所とセリフを決めておく。
・町探検…紹介したいお店とセリフを決めておく。

活用の実際（第4時／全5時間）

【教師】
・ペアで役割を決めさせて，「レポーター（記者）」と「カメラマン」に分かれて撮影をして，
　その後，交代し，両方を体験することを説明する。
【子ども】
・（校内探検）それぞれの場所へ移動して，紹介ムービーを撮影し，その場で見直して，改善
　策を考えて，再度撮影をする。
・（町探検）教師の引率で，順番にお店に行き，自分の担当のお店の時に順次撮影をしながら，
　町探検をする。
・互いに提供されたお店紹介ムービーを見合いながら，校内や町のことをより詳しく知った
　り，さらに興味をもったりする。

（安井政樹）

2年の活用アイデア【音楽★持ち帰り】
鍵盤ハーモニカの代わりにバーチャルピアノ
・ICT ツール　カメラ（動画撮影），Google Classroom，バーチャルピアノ

ねらい

①コロナ禍における感染対策として，家庭で鍵盤ハーモニカを吹く練習をする。
②集合住宅など，音を出すことが難しい場合は，バーチャルピアノ（MUSICCA）を活用して練習をする。

事前指導

・校内では，バーチャルピアノを用いて，指使いの練習を指導しておく。

準備

【教師】
・撮影したものの提出場所（Classroom の課題）を作っておく。

活用の実際（第4時終了後／全5時間）

【教師】
・指使いが分かるように，家庭の協力を得て撮影するように指導する。
【子ども】
・（家庭）鍵盤ハーモニカ（キーボードやピアノでも可）を吹く様子をカメラで撮影し，Classroom に提出する。

「家庭で演奏する様子を動画で撮影」

（安井政樹）

2年の活用アイデア【図画工作】

みんなで花火大会をしよう

・ICT ツール　Google 描画キャンバス，Google スライド

事前指導

1年

2年

3年

4年

5年

6年

ねらい

①レイヤー機能を使って，デジタルスクラッチアートを楽しむことができる。

②思い思いの花火を創作し，それらを組み合わせて協同制作として花火大会をして，鑑賞し合い，互いの良さを見つけられるようにする。

事前指導

・特に必要なし

準備

・特に必要なし

活用の実際（第1～2時／全2時間）

【教師】

・Google 描画キャンバスで，カラフルに塗りつぶし，レイヤーを追加して，さらに黒く塗りつぶす。そこに，消しゴムで線をかくと，スクラッチアートになる手順を見せる。

【子ども】

・Google 描画キャンバスで，花火をかき，保存して，さらに花火を創作する。

・保存された画像をスライドなどでつなぎ合わせて花火大会にする。

　（音声を追加したりするのもよい。）

「子どもが描いた花火」

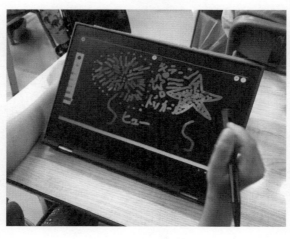

（安井政樹）

撮影して自分でチェック＆アドバイスをし合おう

・ICT ツール　カメラ，Google Classroom
・NHK for School「はりきり体育ノ介」

ねらい

① NHK for School「はりきり体育ノ介」を活用して，自分の試技を見つめるポイントを知る。
　（https://www.nhk.or.jp/school/taiiku/harikiri/）
②自分の運動の様子を撮影してもらうことで，もっとうまくなりたいポイントを見つけ，さらに上達を目指してアドバイスをし合いながら運動を楽しむことができる。

事前指導

・「はりきり体育ノ介」を活用して，どこに気を付けるともっと上手になれるのかを共有しておく。

準備

【教師】
・動画の提出場所（Classroom の課題）を作っておく。

活用の実際（第3〜4時／全4時間）

【教師】
・「はりきり体育ノ介」の動画のポイントと，自分たちの試技を見比べる方法を実演する。
【子ども】
・ペアで撮影し合い，再生しながらアドバイスをして，より上手になるように練習する。
・一番上手にできた動画を提出する。

「台上前転に挑戦する様子」

（安井政樹）

41 2年の活用アイデア【道徳】

きらきら（うつくしいもの，他）

・ICTツール　カメラ，オクリンク（Google Jamboard，ロイロノートなどでも可能），
インターネット検索

ねらい

① 「美しい」と感じるものを写真で実際に見えるようにして，友達と交流し合う中で，どういうものに美しさを感じるのかに気付く。

事前指導

・「美しいなあ」と思うものを登下校中や家庭などで撮影しておくことを伝えておく。

準備

【教師】

・共有できるようにオクリンクの提出箱を用意しておく。

活用の実際（第1時／全1時間）

【教師】

・教科書を範読した上で，他にも自分たちが見つけた「美しいもの」を交流するために，画像を用意するように伝える。

【子ども】

・撮りたいものが撮影できていない場合は，インターネットでその画像を探して友達に伝える。

　※キーワードを「美しい」とすると，自分が美しいと思ったものを調べていることにならないため，自分が見つけたいものの名前で検索するように留意させる。

・友達と見合いながら，今まで気付いていない美しいものがたくさんあることに気付く。

・今後の生活でもそういう目をもちながら，何か見つけた際には，写真に撮って紹介することを継続していく。

【具体的な事例】

・夕焼けがきれいだったという子どもが，ある写真を提示した。すると，「あ！わたしもこの前見た！きれいだったよね！」と経験談の共有が促進された。「え，いつ？僕見みたいなあ。」という思いも高まる。「虹の写真」や「シャボン玉の写真」もあった。一瞬しか見れないから貴重なのかもね。偶然ってすごいよね。そんな気付きが生まれた。

（安井政樹）

会社のポスターをつくろう

・ICT ツール　Google Classroom, Google Jamboard（ロイロノート，オクリンク，
Google スライドなどでも可能）

ねらい

①端末を文房具と同様に用いて，係活動（会社）のポスターなどを作る際に活用することができる。

事前指導

・先生の許可を得て印刷できることを伝えておく。

準備

【教師】
・制作物の提出場所（Classroom の課題）を作っておく。

活用の実際（日常的）

【教師】
・何か印刷したい時は，先生に申し出るように伝える。

【子ども】
・係のポスターや誕生日カード，イベントの飾りなど，係活動で必要なものを端末を活用して作る。
・画像や制作物を提出し，先生に印刷してもらう。

「劇会社のポスター」

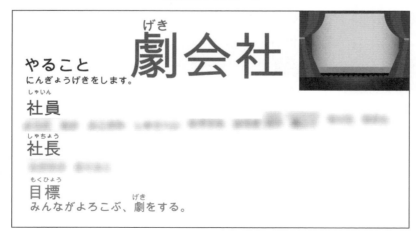

（安井政樹）

43 学習発表会の作文メモ

2年の活用アイデア【特別活動（行事）・国語★持ち帰り】

・ICTツール　オクリンク（ロイロノート，Google Jamboard，Googleスライドなどでも可能）

ねらい

①端末を活用して，記入しやすいテンプレートを作り，行事後に帰宅して家族の声も含めて，その日のことを作文メモに記録することで，次の登校日に作文を書けるようにする。

事前指導

・オクリンクに作文メモのテンプレートがあることを伝える。

準備

【教師】
・オクリンクで，作文メモのテンプレートを作成し，配付しておく。

活用の実際（持ち帰り時）

【教師】
・帰宅後に，自分の思いをメモするとともに，家族からの言葉もメモしておくように伝える。
【子ども】
・端末を持ち帰り，行事の感想や家族からの言葉をメモして，提出する。

「作文メモの一部」（ローマ字入力のため，未習の漢字も有）

> おうちのひとは
> 　全員の声が、大きくて、ふりも、わかりやすかったです。
> 1年生の時より、観客に見て欲しいという気持ちが、伝わってきました!。あんなに2重飛びが、上手にできるとは、思わなかったので、びっくりしました!。
> たくさん工夫して、練習をしたことが、
> よくわかりました。
>
> 　　　　　と言ってくれました。

（安井政樹）

3年の活用アイデア【国語】

たから島のぼうけん

・ICTツール　オクリンク（Google ドキュメント，Google Jamboard などでも可能）

ねらい

①書く内容の中心を明確にし，内容のまとまりで段落を作り，段落相互の関係に注意したりして，文章の構成を考えたりすることができる。

事前指導

・オクリンクでの文字の入力，提出，保存の方法を指導する。
・カードBOXに保存ができることを指導する。

準備

【教師】
・カードBOXに物語メモおよび清書セット（1．題名・名前，2．はじまり，3．出来事が起こる，4．出来事が解決する，5．むすび）を作り，保存しておく。

活用の実際（第2〜5時／全8時間）

【教師】
・物語メモセットが終わったら，内容のまとまりや段落の区切れ目を確認する。
・物語清書セットが終わったら，誤字脱字や，改行などを確認する。

【子ども】
・物語メモセットに，自分のたから島のぼうけんの登場人物や出来事，その解決の方法などを書く。終わったら先生にチェックしてもらう。

・物語メモセットを基に，物語清書セットに自分の物語を書き起こしていく。終わったら先生にチェックしてもらう。

・物語清書セットを基に，作文用紙に自分の物語を書き起こしていく。

「子どものメモの一例」

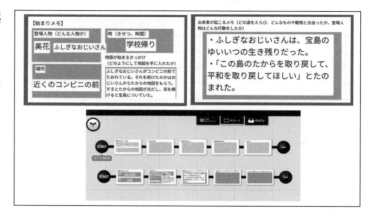

（井原真美）

45 3年の活用アイデア【国語】
ちいちゃんのかげおくり
・ICTツール　スクールタクト（Google Jamboard などでも可能）

ねらい

①物語の出来事から，登場人物の気持ちの変化や移り変わりについて想像することができる。

事前指導

・スクールタクト（まなびポケット）の入力の仕方を指導する。
・スクールタクトのコメント欄は利用しないことを伝える。

準備

【教師】
・スクールタクトに「ちいちゃんのかげおくり」の授業を作る。

活用の実際（第2〜5時／全8時間）

【教師】
・物語の出来事，ちいちゃんの様子を記入し，スクールタクトの課題を子どもたちに配付する。
・提出された課題を確認し，その場で評価をしていく。
・分からないマークを出している子ども，全体の入力の様子を見て困っている子どもには個別に声をかける。

【子ども】
・スクールタクトを開き，課題を受け取る。
・入力された出来事に即して，ちいちゃんの心情を書き込んでいく。

「課題の実例」

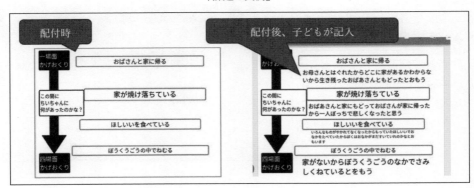

（井原真美）

三角形

・ICTツール　カメラ，オクリンク

ねらい

①三角形について，辺の長さの相等関係に着目して分類し，それらの特徴を見出すことができる。

事前指導

・オクリンクでの画像挿入やトリミングの仕方の指導をする。
・提出BOXへの提出の仕方を指導する。

準備

【教師】
・6㎝，8㎝，10㎝，12㎝の長さの色棒やストロー等をそれぞれ30本程度ずつ用意する。

活用の実際（第1時／全6時間）

【教師】
・ストローを使うとどんな三角形ができるかを想像させ，三角形を作る意欲につなげる。
・どのような理由で仲間分けをしたかを共有し，辺の長さの相等関係に着目させる。
・子どもたちが仲間分けした三角形をくくり，画面上で二等辺三角形，正三角形の特徴をまとめる。

【子ども】
・色棒やストローを使い，三角形を作る。
・作った三角形を撮影し，オクリンクのカードに挿入する。
・友達とカードの交換をしながら交流し，カードを仲間分けして整理する。

「子どもの活動の一例」

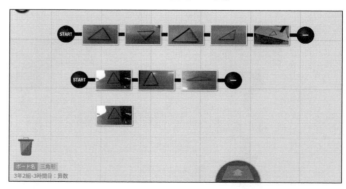

（井原真美）

47 3年の活用アイデア【社会★遠隔学習】
オンライン玉ねぎ農家さんとの交流会
・ICTツール　Zoom（Google Meet，LINEのビデオ通話などでも可能）

ねらい

①玉ねぎ農家さんの仕事の様子を見たり，聞いたりして，仕事の大切さや工夫に気付く。

事前指導

・カメラに向かってのしゃべり方や，オンラインでの反応（大きなジェスチャー等）の仕方を知る。
・玉ねぎ農家さんの仕事を調べ，農家さんへの質問を事前にまとめる。

準備

【事前】
・玉ねぎ農家さんとの打ち合わせ（日程や内容，時間配分）やZoomの練習をする。
【当日】
・玉ねぎ農家さんにZoomの招待コードを送信する。

活用の実際（第9時／全11時間）

【教師】
・各学級1台ずつ，Chromebookを用意し，子ども全体が映る位置に設置し，Zoomを開催する。
【子ども】
・話す人はChromebookに近づきながら，質問をしたり，感想を伝えたりする。

「Zoomで玉ねぎ農家さんと交流している様子」

（中村美玖）

48 3年の活用アイデア【社会】
市のうつりかわり

- NHK アーカイブス「回想法ライブラリー　むかしの暮らし」
- NHK for School「コノマチ☆リサーチ」「マチの "むかし" を知りたいぞ！」

ねらい

①道具の変化と人々の暮らしの様子を結び付けて理解する。
②道具と人々の暮らしの移り変わりについて考えている。

事前指導

・NHK アーカイブス「回想法ライブラリー　むかしの暮らし」の使用方法を確認する。
　(https://www.nhk.or.jp/archives/kaisou/life)
・動画を見るなど，音を出す場合はマイク付きイヤホンを使用することを指導する。

準備

【子ども】
・マイク付きイヤホンの用意

活用の実際（第8時／全11時間）

【教師】
・NHK for School「コノマチ☆リサーチ」を全員に視聴させ，道具の移り変わりを板書にまとめる。
　(https://www2.nhk.or.jp/school/movie/bangumi.cgi?das_id=D0005120426_00000)
・さらに詳しく見ることができる「むかしの暮らし」を紹介し，見方を指導する。

【子ども】
・「コノマチ☆リサーチ」を全員で視聴し，道具の移り変わりをプリントにまとめる。
・「むかしの暮らし」を開き，時代「昭和初期」「昭和中期」など切り替えながら，道具や生活の様子の違いを調べる。

　　「回想法ライブラリー｜ NHK アーカイブス（https://www.nhk.or.jp/archives/kaisou/）より」

（井原真美）

3年の活用アイデア【理科】

昆虫を調べよう／トンボやバッタをそだてよう

・NHK for School「ものすごい図鑑」

ねらい

①昆虫のからだを調べ，記録することができる。

②昆虫のすみかや生活について調べられるようにする。

事前指導

・昆虫の観察の仕方を指導する。

準備

【教師】

・NHK for School「ものすごい図鑑」を起動する。

活用の実際（第1～2時／全3時間）

【教師】

・脚の付け根など動画だけでは分かりにくいからだのつくりの部分を拡大して見られることを紹介し，脚は「むね」からはえていることをおさえる。

・昆虫ごとに生活の動画を見せ，すみかや食べ物についてもおさえる。

【子ども】

・昆虫のからだのつくりを，画面の写真を回転・拡大するなどして，観察し，記録する。

・脚の数や様々な角度から見られ，さらに拡大できるので，からだのつくりの細かい部分まで観察が可能である。

・からだのつくりだけでなく，その昆虫の一生や生活，飼い方なども調べる。

「ものすごい図鑑 | NHK for School（https://www.nhk.or.jp/school/sukudo/zukan/）より」

（井原真美）

歌って音の高さをかんじとろう

・ICTツール　バーチャルピアノ，マイク付イヤホン

ねらい

①ハ長調の楽譜を見て，演奏ができるようになる。

②曲の特徴を捉え，どのように演奏するかについて思いや意図をもつ。

事前指導

・『春の小川』の曲全体の感じをつかむ。

・範唱や階名唱を聴く。

・バーチャルピアノの音階と対応するキーボードの場所を確認する。

準備

【子ども】

・個人練習用のマイク付イヤホンを用意する。

活用の実際（第2〜5時／全8時間）

【教師】

・範唱や階名唱をCDで確認する。

【子ども】

・バーチャルピアノを使い，マイク付イヤホンをして個人練習をする。

　（画面のタップ，あるいはキーボードを打つ。）

・CDに合わせて，演奏する。

「バーチャルピアノ｜MUSICCA（https://www.musicca.com/jp/piano）より」

（井原真美）

51 3年の活用アイデア【体育】
マット運動
・ICTツール　カメラ（動画撮影），タイムシフトカメラ（追いかけ再生ツール）
・NHK for School「はりきり体育ノ介」

ねらい

①マット運動の基本的な技ができるようになる。
②自分の能力に適した課題を見つけ，技ができるようになるために練習を工夫したり，友達に
　アドバイスしたりできるようになる。

事前指導

・カメラでの動画撮影の仕方を撮影する。
・友達の写真や動画を勝手に撮影してはいけないこと（肖像権について）を指導する。

準備

【教師】
・撮影が行えるよう，マットの間隔を広めにして準備する。

活用の実際（第3〜5時／全6時間）

【教師】
・NHK for School「はりきり体育ノ介」の動画を見て，技が「できるポイント」を確認する。
【子ども】
・グループごとに練習をし，自分の様子を友達に撮影してもらう。（追いかけ再生でも可）
・「はりきり体育ノ介」で確認した「できるポイント」を自分ができているかを確認する。
・動画を見ながら友達にアドバイスしたり自分の課題を見つけたりしながら練習に生かす。

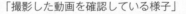

「動画撮影をしている様子」　　　　　　　「撮影した動画を確認している様子」

（中村美玖）

3年の活用アイデア【図画工作】

小さな自分のお気に入り

・ICT ツール　スクールタクト，カメラ（オクリンク，Google Jamboard，デジタルカメラ
などでも可能）

ねらい

①小さな自分になって，お気に入りの場所を見つけ，その形や色からどんな感じがするか考え
　ることができる。

事前指導

・スクールタクトの入力の仕方，画像の挿入，トリミングの仕方を指導する。

準備

【教師】

・スクールタクト上に授業の課題を作成する。

【子ども】

・カメラで「小さな自分」の写真を撮り，自分を切りぬいたものをラミネートする。

活用の実際（第2時／全2時間）

【教師】

・課題の内容と，内容のルーブリックを確認する。

・提出された課題を確認し，スクールタクトの機能でその場で評価していく。

【子ども】

・Chromebook で小さな自分の写真を撮り，課題に挿入する。

・「なぜそのポーズにして，その場所で撮ったのか，どんな感じを表現したか」など気付いた
　ことや考えたことを課題に入力し，提出する。

・課題の評価を受け，訂正したり，よりよくしたりし，加筆していく。

「写真を挿入し，気付いたことを記入できるようにする課題の例」

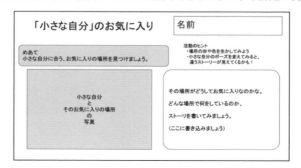

（中村美玖）

3年の活用アイデア【図画工作】

ひもひもワールド

・ICT ツール　カメラ，Google 描画キャンバス，Google Classroom（デジタルカメラ，ペイントなどでも可）

ねらい

①身近な場所をひもで結んでつなぐ時の感覚や活動を通して，形の感じ，色の感じ，それらの組み合わせによる感じを見つけるようにする。

事前指導

・ひもや毛糸などの材料を持ってくるように指導する。
・写真の撮り方を指導する。
・Classroom への提出の仕方を指導する。

準備

・Classroom に「身近なしぜんの色・形」の課題を設定する。
・課題を設定する際，ルーブリックを入力する。

活用の実際（第2時／全2時間）

【教師】
・子どもの気付きや思いに価値付けをしながら，撮影の仕方や提出の仕方などを指導する。

【子ども】
・結び方や結ぶ場所を工夫しながら，ひもを結ぶ活動を行う。
・自分のお気に入りの場所を Chormebook で撮影する。
・Google 描画キャンバスで自分の感じ方や工夫を記入する。
・Classroom の課題を開き，写真を提出する。

「提出された写真，課題の解説」

（中村美玖）

3年の活用アイデア【道徳】
長なわ大会の新記録
・ICT ツール　Google Classroom，インターネットサイト（心の数直線）

ねらい

①ストップウォッチを押し忘れてしまった守の姿を通して，明るい心で生活するためにはどんなことが大切かについて考え，自分の過ちに対して素直に認めようとする判断力を育てる。

事前指導

・心の数直線の使い方を指導する。

準備

【教師】

・数直線の URL の一部を「M3=2，A＝言う，B＝言わない」に変更する。

・変更が終わった URL を Classroom に貼り付ける。

活用の実際（第3〜5時／全6時間）

【教師】

・守の心は迷っていることを確認し，その心の迷いを可視化できるよう，心の数直線を子どもたちに提示する。

・交流の際，友達との違いに着目し，そこから意見交流ができるように声かけをする。

【子ども】

・教材文を読んだ後，主人公・守は正直に言うか，言わないかを考え，守の気持ちを心の数直線に表す。

・心の数直線を友達と見せ合い，比較して，意見交流を行う。

「心の数直線，心の数直線の URL の一部」出典：e-net（熊本市地域情報ネットワーク）http://www.kumamoto-kmm.ed.jp/

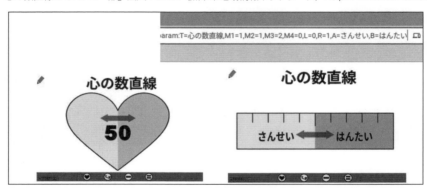

（中村美玖）

55 ３年の活用アイデア【特別活動（学級活動）】
どんなクラスにしたいかな（学級目標作り）
・ICT ツール　Google フォーム，AI テキストマイニング（オクリンクなどでも可能）

ねらい

①クラスメイトみんなの願いを知り，それにあった学級目標を作ることができる。

事前指導

・フォームの答え方を指導する。

準備

【教師】

・どんな学級にしたいか問うフォームを作る。

・フォームを Classroom に投稿する。

活用の実際（第１時／全１時間）

【教師】

・発言が苦手な人も，得意な人も，みんなの意見を聞くために使うことを指導する。

・フォームで集めた結果を，AI テキストマイニングで分析し，結果を出す。

・表れた結果を子どもに提示し，学級目標を決める。

【子ども】

・Classroom に投稿されたフォームに答える。

・AI テキストマイニングの結果を見て，学級目標を考える。

「使われたフォームとマイニングの結果を提示している様子」

（中村美玖）

3年の活用アイデア【総合的な学習の時間】

オリンピックはかせになろう

・ICT ツール　Google スライド（オクリンクなどでも可能），Google ドライブ

ねらい

①自分で集めた情報を整理・分析して，まとめ，表現することができるようにする。

事前指導

・Google スライド（以下，スライド）の開き方，作り方を指導する。
・共有フォルダへの保存の仕方を指導する。

準備

【教師】
・共有フォルダに子どもが保存するためのフォルダを作成する。

活用の実際（第7～9時／全10時間）

【教師】
・子どもの作品も紹介しながら，よりよいまとめ方を共有できるようにする。
・作成時にやり方に困った子どもの机間指導をする。

【子ども】
・Google ドライブから共有ドライブへ移動し，新規のスライドショーを開く。
・スライドショーのデザインを選ぶ。
・1枚目に表紙，2枚目に問題，3枚目に答えと解説を記入。その後，2問目も同じようにスライドを作っていく。
・図やイラストを入れて，より分かりやすくまとめる。

「作られたスライド」

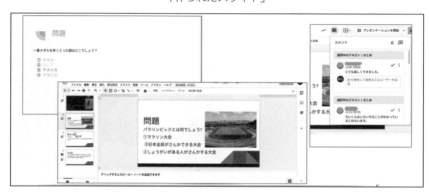

（中村美玖）

57 3年の活用アイデア【外国語活動】
What's this? ークイズ作りー
・ICT ツール　Google Classroom，Google Jamboard（Google スライド，オクリンクなどでも可能）

ねらい

①相手に伝わるように工夫しながら，英語のクイズを出したり答えたりしようとする。

事前指導

・教師が大型モニタに画像を映し，それを子どもが何か当てるクイズをする。"What's this?" "Can you guess?" などと，子どもに尋ねる。必要に応じてヒントを与える。
・Jamboard の使い方を指導する。
・Jamboard での画像の挿入方法や加工方法を指導する。

準備

【教師】
・クイズに使用する画像を準備し，いくつかクイズを作っておく。

活用の実際（第1〜2時／全4時間）

【教師】
・クイズを出す時，画像を拡大するだけでなく，シルエットで出す方法や画像を部分的に隠す方法などを指導しながら行うと，いろいろなクイズができる。
・子どもが作ったクイズを Classroom で提出させ，交流場面で使用する。

【子ども】
・画像を拡大する，シルエットの画像を出す，上に四角形などの図形を重ねて画像を部分的に隠すなどして様々なクイズを作る。
・作った画面を相手に見せ，"What's this?" とクイズを出し合う。

【具体的な事例】
・身近なものを写真に撮って "What's this？" と尋ね合う単純明快なゲーム感覚でできる活動である。楽しみながら，「これは英語で何って言うんだろう？」と興味関心が広がり，さらに英語に親しもうとする姿が見られた。Google 検索や Google 翻訳を活用して，語彙を増やしながら問題を出そうとする子どもも多くいた。「え，日本語だったら分かるけど，英語じゃ分かんない！調べていい？？」と，回答する子どもも端末をフル活用していた。

（井原真美）

白いぼうし

・ICT ツール　Google Classroom，Google Jamboard（Google スライド，ロイロノートでも可能）

ねらい

①文中の内容を根拠に，登場人物についての考えを伝えたり聞いたりする。

② Jamboard で考えを共有し，物語について対話をしながら理解を深める。

事前指導

・教科書を読み，登場人物や物語のあらすじを確認しておく。

準備

【教師】

・Jamboard を作成し，Classroom に投稿し共有しておく。

活用の実際（第1時／全1時間）

【教師】

・個人の考えを付箋に書く時に，自分の名前も入れることを伝える。

・グループで意見を整理しながら，交流することで，新たな発見を追記するように伝える。

【子ども】

・Jamboard に自分の考えを記入し，グループで似ている意見と違う意見を分けて分類する。

「物語を読んだ時の疑問を出し合っている Jamboard」

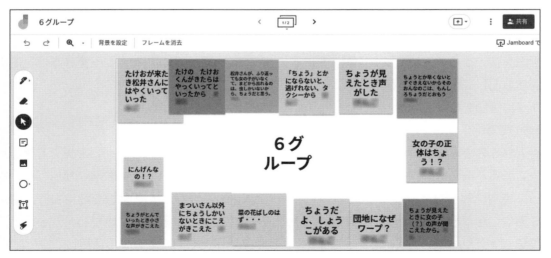

（奥田　響）

59 4年の活用アイデア【国語】
一つの花
・ICT ツール　Google Classroom，Google スライド（ロイロノートでも可能）

ねらい

①文中の語句を調べ，画像などを入れてスライドにまとめることで，語彙を増やし，物語の理解を深める。

事前指導

・Chromebook での写真のコピーの仕方（ショートカットキー等）を指導する。
・スライドの基本的な使用方法（開き方，文字入力，写真の挿入の仕方など）を指導する。

準備

【教師】
・手本となるスライドを作成しておく。

活用の実際（第2時／全8時間）

【教師】
・手本となるスライドを見せながら，手順を確認する。

【子ども】
・自分のスライドに語句をまとめる。
・まとめ終わったらコメント可に設定して共有し，Classroom にリンクを貼り付ける。
・スライドを互いに見合い，コメントする。

「語句調べをして，整理したスライド」

（奥田　響）

4年の活用アイデア【社会】
わたしたちの北海道
・ICT ツール　Google Classroom，Google Jamboard，Google スライド

ねらい

①北海道の各都市の特色について調べてまとめ，分かったことを発表し合うことができる。

事前指導

・Jamboard，スライドの基本的な使い方を指導する。

・発表する時に，自分が作った資料を相手に見せながら話すということを伝えておく。

準備

【教師】

・Jamboard を提出する場所（Classroom の課題）を作成しておく。

活用の実際（毎時間）

【教師】

・グループ発表後に新たに分かったことを黒板に位置付ける。

【子ども】

・その地域についての基礎情報（副読本）よりも詳しい情報や，疑問に思ったことをまとめ，
　グループの友達に発表する。

「北海道の特色を整理したスライドと，それに対するコメント」

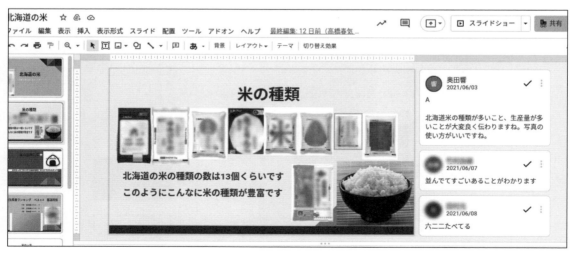

（奥田　響）

61 4年の活用アイデア【算数】
整理の仕方
・ICT ツール　Google Classroom，Google スプレッドシート

ねらい

①データを整理しグラフを作成することを通して，適切なデータの表し方を理解する。

事前指導

・Classroom の使い方を周知し，スプレッドシートでのグラフの作り方を指導しておく。

準備

【教師】

・スプレッドシートに教科書のデータの元になる表のひな形を用意し，Classroom で課題として配付する。

活用の実際（第5時／全5時間）

【教師】

・Classroom の課題を開かせ，様々なグラフで作成させ，どのグラフが適切か考えさせる。この際，「半角」で入力するように伝える。

【子ども】

・スプレッドシートに数値を入力し，様々なグラフ（棒グラフ，折れ線グラフ，円グラフ）を作成する。
・グラフを比較しながら，適切なグラフを選ぶ。

「同じ数値を様々なグラフで表現して比較」

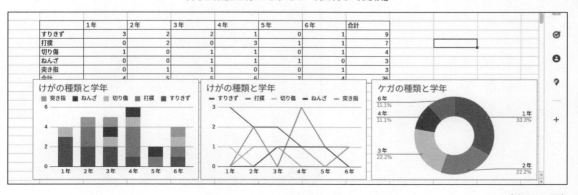

（奥田　響）

4年の活用アイデア【算数】

分数－算数の Web アプリを活用して－

・IC ツール　オクリンク（ホワイトボード，Google Jamboard などでも可能），算数アプリ
（Fractions）

ねらい

①分数の式を図として見える化して，イメージをもちながら計算することで，考え方を養う。
②重ねるなどして，分数の計算を視覚的に理解できるようにする。

事前指導

・分数の式の立て方を事前に指導しておく。
・算数アプリ（The Math Learning Center の Web アプリ），Fractions（分数）の使用の
仕方を練習する。

準備

【教師】
・Classroom に算数アプリ（Fractions）のリンクを貼っておく。
（https://apps.mathlearningcenter.org/fractions/）

活用の実際（第1，5，7時／全10時間）

【教師】
・分数の計算のイメージを大型モニタで示し，見通しをもたせる。
（算数アプリで，実際に使用する様子を見せる。）

【子ども】
・ノートで分数の式を立てる。
・算数アプリを使って，円や棒の図な
どより分かりやすいと思うほうを使
って表す。
・表したものを大型モニタにつなぐ，
あるいはオクリンクにスクリーンシ
ョットを送ってもらい共有する。

「算数アプリを使って，$\frac{1}{3}+\frac{2}{3}$を表した様子」

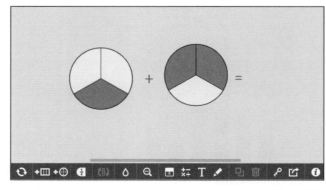

（畑　直輝）

63 4年の活用アイデア【理科】
水のゆくえ
・ICTツール　カメラ（動画撮影），Google Jamboard，Google スライド

ねらい

①水たまりの水がしみこむ様子を動画で撮影し，実験結果を何度も確認できるようにする。

事前指導

・実際に見ることが一番重要であることを指導する。
・カメラ機能の基本的な使い方を指導する。

準備

【子ども】

・誰が撮影するか決めておく。

活用の実際（第1時，他／全4時間）

【教師】

・実験のグループを決め，用意しておいた実験道具を配付する。
・実験方法を確認しておく。

【子ども】

・グループごとで実験を行う。
・動画を撮影しながら実験を行う。
・実験から分かったことを記入し，動画を見返しながら，気付いたことを Jamboard で整理する。
・理科室での実験の後，雨天の日の翌日などにグラウンドの水たまりの様子を撮影して，地中の様子や蒸発の様子をイメージして，ノートに考えをかく。
　※あくまでも，実際に見ることを大切にする。（動画は補助的なものであるというおさえ）

（奥田　響）

ヘチマ・ヒョウタンの観察

・ICT ツール　Google Classroom，iPad（タイムラプス撮影）

ねらい

①自分たちの育てている植物の発芽や開花などの変化を見られるようにする。
②植物の成長を実感し，より植物に対して興味関心をもてるようにする。

事前指導

・それぞれの植物に名前を付けるなどして，愛着をもち，大切に育てられるようにする。
・地中での種の様子を動画などで確認し，土の盛り上がりがあった時には共有しておく。

準備

【教師】
・発芽前にタイムラプスを起動し，日の出や発芽のタイミングが撮れるように固定する。

活用の実際（第2時／全4時間）

【教師】
・iPad の映像を大型モニタに映し，見てほしいところをズームしたり，スローや早送り，巻き戻しなどを使ったりすることで，変化を見てもらう。その後 Classroom に投稿する。

【子ども】
・発芽の瞬間を見た感想を交流する。
・日の出で葉の向きがどのように変わるのかを iPad を大型モニタにつなぎ，見たいところを早送りしたり巻き戻したり，ズームしたりしながら観察する。
・Classroom の投稿からそれぞれ見たい部分を動画で観察する。
・その上で，もう一度実物を観察する。

「タイムラプスの映像を Classroom に投降した様子」

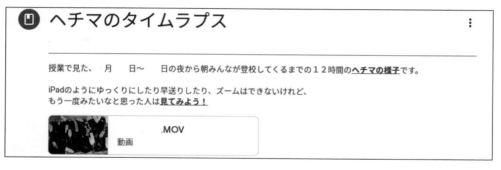

ヘチマのタイムラプス　⋮

授業で見た，　月　　日〜　　日の夜から朝みんなが登校してくるまでの12時間の**ヘチマの様子**です。

iPadのようにゆっくりにしたり早送りしたり、ズームはできないけれど、
もう一度みたいなと思った人は**見てみよう！**

.MOV
動画

（畑　直輝）

65 4年の活用アイデア【音楽★持ち帰り】
リコーダー
・ICT ツール　カメラ（動画撮影），オクリンク（Google Classroom，ロイロノートでも可能）

ねらい

①感染症対策で，校内でリコーダーを吹きにくい状況のため家庭で練習をし，その成果を担任が評価できるようにする。

②動画で撮影することで，適度な緊張感のもとで目標をもって演奏をすることができる。

事前指導

・オクリンクでの動画の提出の仕方の確認や練習を行っておく。

・譜読みをしておくことで，楽譜を読むのが苦手でも家に帰って取り組みやすくなる。

準備

【教師】

・オクリンクで授業の欄を作り，提出 BOX を受付状態にしておく。なお，提出方法もオクリンクで送信しておくとよい。

【子ども】

・リコーダー，Chromebook の持ち帰り

活用の実際（持ち帰り時）

【教師】

・次の日に提出した動画からうまい子どもや工夫している子どもの動画を見る。

・もっとよくするためには？と失敗例を扱ってアドバイスの仕方を指導する。

【子ども】

・練習した曲の動画を撮影する。

・オクリンクで提出する。

・頑張ったところや工夫したところ，難しかったところなどを書き込んでから提出してもよい。

　※感染症対策としてではなく，子どもの家庭での学びの方法として，リコーダーなどの練習を担任に任せる方法として活用するとよい。

　※演奏の見本動画（運指が分かるもの）を配付するのもよい。上手な子どもの動画を本人の許可を得て，活用するのもよい。

（畑　直輝）

4年の活用アイデア【図画工作】

つなぐんぐん

・ICT ツール　カメラ，Google スライド

ねらい

①友達が作った作品を撮影し，工夫したポイントを書くことができる。

事前指導

・写真のスライドへの貼り付け方法を指導する。
・コメントの方法を指導する。

準備

【教師】

・共有して使えるスライドを用意しておく。
・どこに写真を貼り付けるか，名前を書けばよいかが分かる手本を用意する。

活用の実際（第1時／全1時間）

【教師】

・コメントの方法など，スライドの使い方を事前に指導しておくと，特に新しく指導することはない。

【子ども】

・自分のグループの作品だけではなく，他のグループの作品の良いところをコメントしている子どもも出てくる。

「共同制作の作品を写真で記録しコメントし合う様子」

（奥田　響）

4年の活用アイデア【体育】
自分の動きを見てみよう（マット運動）

・ICT ツール　カメラ（動画撮影）（タイムシフトカメラ https://kaihatuiinkai.jp/time_
shift/index.html でも可能）

ねらい

①自分の動きを客観的に見ることで，直すべきところを自分で見つけることができる。

②見てほしいところをスローで見てもらったり，逆再生したりして，自分の思い描いている動きと実際にできている動きの差を見て練習に生かすようになる。

事前指導

【教師】

・安全に活動するためのルールなどを指導しておく。

・どの角度から撮ると見やすいのか，実際に撮影をして，それを見せながら考えさせる。

準備

【教師】

・iPad や Chromebook を準備する。

活用の実際（全時間／全4時間）

【教師】

・見てほしいところをスローで見てもらったり，逆再生したりして，一緒に確認する。

・うまい子どもの動きを全体で共有する。

・もっとよくするためには？と失敗例を扱ってアドバイスの仕方を指導する。

【子ども】

・技を行った後にすぐに動画を見る。

・思い描いていた動きとの違いを確認する。

・お手本の動きと見比べたり，重ねて表示したりして，改善点を見つけ，次の練習に生かす。

「側転を撮影している様子」

（畑　直輝）

毎時間の学習のふり返りに

・ICT ツール　Google スプレッドシート

ねらい

①学習を通して感じたことをふり返るとともに，ふり返りをポートフォリオ化できる。

事前指導

・スプレッドシートへの記入方法を指導する。（自分の出席番号のシートに記入するなど）

準備

【教師】

・スプレッドシートに，「日付」「題材名」「ふり返り」が書けるシートを作成する。

・シートを学級の児童数分コピーする。（シートの名前は，出席番号にすると分かりやすい。）

・子どもたちが本時に書いたふり返りが反映される一覧できる教員用のシートを作成する。

活用の実際（毎時間）

【教師】

・大型モニタに教員用 Chromebook の画面を複製し，ふり返りシートの書き方を説明する。

・書き込む際の注意点（他の人のシートに書き込まないなど）を伝える。

【子ども】

・学習のふり返りの時間に，自分のシートにふり返りを書く。

「本時の学びを蓄積したスプレッドシート」

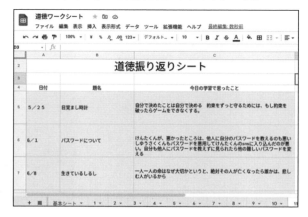

（奥田　響）

69 4年の活用アイデア【特別活動（学級活動）】

クラスのオフィシャルサイトをつくろう

・ICT ツール　Google サイト

ねらい

①クラスがよりよくなるためにどんなページがあったらよいかを考えることができる。

②係活動や日々の記録をすることで，情報を発信する機会をより多くつくる。

事前指導

・練習用 Google サイトを作って，実際に使って練習をする。

・クラスのサイトを編集する時のルールやマナーを全体で確認する。

準備

【教師】

・クラスのサイトのページなどの設定を事前に行う。

活用の実際（日常的）

【教師】

・毎朝使うものや係で作ったアンケートをリンクから飛べるようにしたり，日々の写真を載せ
たりする。

【子ども】

・練習できるページや個人で考えたページなどを作ることで，操作に慣れる。

・係ごとのページを作り，活動の様子を紹介したり，アンケートをとったりする。

「クラスのオフィシャルホームページのスクリーンショット」

（畑　直輝）

4年の活用アイデア【総合的な学習の時間】

二次元コードつきポスターで伝えよう

・ICT ツール　二次元コード作成ツール，Google サイト，Google フォーム

ねらい

①ポスターに二次元コードを貼り，自分たちの作ったサイトを見てもらえるようにする。

②ポスターだけでは表すことのできない調べたことや考えを知ってもらうきっかけとなるようにし，自分の手でサイトを作ることで，達成感を感じられるようにする。

事前指導

・二次元コードの作り方や Google サイトの使い方を事前に練習しておく。

・ネットモラル（情報の活用の仕方や著作権など）を学習しておく。

準備

【教師】

・元となるサイトやページを作り，使い方のルールを決めておく。

活用の実際（第7～9時／全10時間）

【教師】

・相手意識をもたせ，どのようにしたら見ている人に伝わりやすいのかを考えさせる。

・色などの使い方で見やすさや雰囲気が変わることを気付かせる。

・フォームを挿入することで，フィードバックを見ることができるようにする。

【子ども】

・目に入った時に足を止めてしまうようなポスターデザインを考え，そこに二次元コードを貼る。

・給食サイトを作り，グループごとに見合うなどして，どうしたらより伝わりやすくなるかを考える。

「二次元コードを作っているところのスクリーンショット」

（畑　直輝）

71 4年の活用アイデア【外国語活動】
バーチャル世界旅行で　英会話をしよう
・ICTツール　Google Meet

ねらい

①教室にいる子どもは，外国人と話している感覚で，Meetでつながっている子どもは，外国にいる気持ちになって，英語で会話することができる。

事前指導

・Meetを子どもと実際につないでみて，使い方を確認しておく。
・質問の仕方や答え方を練習し，Meetをつないでいる時にも例文など見られるようにしておく。

準備

【教師】
・Chromebookを教室と廊下に設置するため2台用意し，Meetをつなげるようにしておく。
・Meetの背景に設定する，天気や場所などの背景画像をいくつか用意しておく。

活用の実際（第2時／全4時間）

【子ども】
・廊下と教室でMeetをつなぎ，受け答えのヒントになる画像を背景にする。
・廊下側のChromebookで，現地に行っているようなジェスチャーをし，その後，教室側と廊下側で簡単な英語のやりとりをする。

「Google Meetで背景を変えている様子」

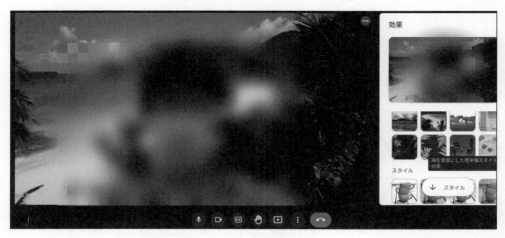

（畑　直輝）

事前指導
1年
2年
3年
4年
5年
6年

5年の活用アイデア【国語】
自分の立場を明確にし，その理由を考えよう
・ICT ツール　シンキングツール，Google Jamboard, Google Classroom

ねらい

①様々な立場にたって，問題の解決方法を多面的に考えることができる。

②自分の考えた解決方法をシンキングツールで整理することができる。

事前指導

・シンキングツールを使う目的や使い方について指導しておく。

・Jamboard の使い方を練習しておく。

準備

【教師】

・シンキングツールを Jamboard の背景に入れる。

活用の実際（第3時／全6時間）

【教師】

・前時で子どもたちが決めた議題を想起させる。

　議題〜授業中に関係のない話をする人を減らすために〜

【子ども】

・解決のためには，様々な立場からの働きかけが必要だと気付く。

・シンキングツールで整理する。

・自分はこれからどう生活するか，ふり返る。

・Classroom に共有する。

「フィッシュボーンチャートの活用例」

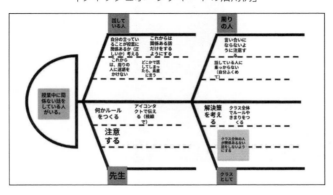

（山本愛花）

73 5年の活用アイデア【社会】
あたたかい土地　寒い土地
・NHK for School「未来広告ジャパン」

ねらい

①学習したことを CM としてまとめることで，情報をより整理したり，関連付けたりできる
ようにする。

事前指導

・教科書や資料集，動画クリップなどを活用して，あたたかい土地と寒い土地の特徴や気候と
産業，人々の暮らしとの関連などを捉えられるようにする。

準備

【教師】
・NHK for School 上で，調べ学習に使えそうな動画のプレイリストを作成しておく。

活用の実際（第3〜4時／全4時間）

【教師】
・調べ学習の際にプレイリスト番号を伝え，その動画を活用するとよいことを伝える。

【子ども】
・プレイリスト番号を使って，動画を活用して調べ学習を行う。
・NHK for School「未来広告ジャパン」の CM 作成ツールで CM を作成する。
・完成した CM を画面録画で保存して，提出する。

「CM を作ってみよう！｜未来広告ジャパン｜ NHK for School」
(https://www.nhk.or.jp/school/syakai/mirai/origin/make_cm/index003.html より)

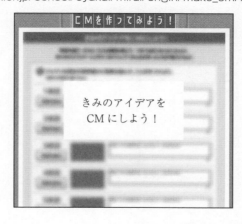

（安井政樹）

5年の活用アイデア【社会】

工業生産を支える輸送と貿易

・ICT ツール　オクリンク（ロイロノートなどでも可能），Google ドキュメント

ねらい

①工場が建てられている地域には，どのような良さがあるのか考えることで，地域の環境や輸送との関係性を考えることができる。

事前指導

・オクリンクの使い方（文字の打ち方，スライドショーの方法）を指導する。

準備

【教師】

・オクリンクで，時間割に『社会』「工業生産を支える輸送と貿易」を設定する。

・Chromebook で，国土地理院地図などから地図を切り取ってコピーする（コントロールキー＋シフトキー＋ウィンドウキー）。その後，Google ドキュメントに貼り付け，必要事項（市街地の位置等）を記入し，再度切り取ってコピーする。

活用の実際（第1時／全5時間）

【教師】

・編集した地図をオクリンクに貼り，全員に配付する。

・工場を建てたらよいと思う場所に点を打たせ，新しいボードに説明を書くように指示を出す。

【子ども】

・工場を建てたらよいと思う場所に点を打ち，点を打った理由を新しいボードに書き，つなぎ合わせる。

「身近な地域の地図を提示」

地図の画像

（髙森政輝）

75 5年の活用アイデア【算数】
割合とグラフ
・ICT ツール　Google Classroom，Google スプレッドシート

ねらい

①割合を視覚的に直感で捉えることができる。

②部分同士の割合を比べる時に便利であると気付く。

③手描きで起こりやすいメモリの読み間違いを防ぐことができる。

事前指導

・スプレッドシートのグラフの挿入の仕方を指導しておく。

準備

【教師】

・Classroom で提出場所を用意しておく。

活用の実際（第3〜4時／全7時間）

【教師】

・割合とグラフの問題とデータをまとめるための表を提示する。

【子ども】

・割合を計算する。

・スプレッドシートに項目と割合を入力する。

・グラフの挿入をする。

・課題を Classroom に提出する。

「端末で円グラフを作成した例」

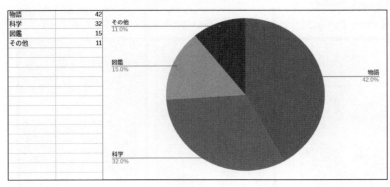

（山本愛花）

5年の活用アイデア【理科】

魚のたんじょう

・ICT ツール　シンキングツール（KWL），Google Jamboard（ロイロノートなどでも可能）

ねらい

①メダカの発生や成長について，知っていることや知りたいことをまとめ，課題を考えることができる。

②調べたことや実験を基に，学んだことをまとめることができる。

事前指導

・Jamboard の使い方を確認する。

・シンキングツールの使い道を確認する。

準備

【教師】

・シンキングツールを Jamboard に入れ，使うページを複製しておく。

活用の実際（第1，7時／全7時間）

【教師】

・単元の初めに，メダカについて知っていることの欄に簡単に記入させ，その後知りたいことの欄を記入させる。また，単元の最後に学んだことの欄に記入させる。

【子ども】

・自分の番号の Jamboard 画面に，付箋を利用して記入していく。

「シンキングツールの活用例」

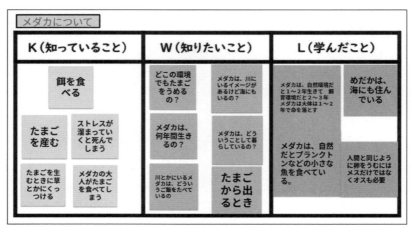

（髙森政輝）

5年の活用アイデア【音楽】
いろいろな音色を感じ取ろう
・ICT ツール　SONG MAKER, Google Classroom（ストリーム）

ねらい

① 「リボンのおどり」にどんな打楽器を使うといいか考え，表現することができる。

事前指導

・SONG MAKER（Chrome Music Lab）の使い方を指導する。

準備

【教師】

・事前に「リボンのおどり」の曲を打ち込んでおく。

活用の実際（第1～2時／全8時間）

【教師】

・打ち込んだ「リボンのおどり」に合わせて好きな打楽器を選びリズムを付けるよう指示する。

・Classroom のストリームに保存できるコーナーを作り，考えたものを保存させる。

【子ども】

・自分の好きな打楽器を決め，リズムを考える。

・作ったリズムを，違う打楽器を選んだ友達と合わせて流し，聞いてみる。

「音楽づくりの一例｜ SONG MAKER」
(https://musiclab.chromeexperiments.com/Song-Maker/ より)

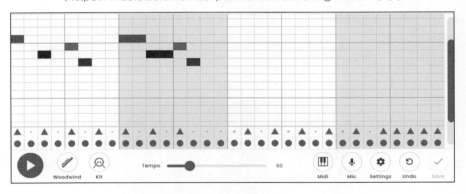

（髙森政輝）

形が動く　絵が動く

・ICT ツール　カメラ，Adobe Spark

ねらい

①コマどりアニメーションの仕組みを理解し，作品を作ることができる。

②自分から進んで創作活動に取り組む姿を育む。

事前指導

・どんな作品を作ることができるか，教師の作った作品を見せる。

・Adobe Spark の使い方を指導し，練習させる。

準備

【教師】

・紙や端末，黒板など使える物を用意しておく。

【子ども】

・どんな作品を作りたいか想像する。

活用の実際（第1〜2時／全3時間）

【教師】

・まずは，写真を撮らせたり，絵を描かせたりして動画作りの準備をさせる。

・準備ができた子どもから Adobe Spark を使わせ，動画を作成させる。

【子ども】

・【自分が被写体の写真パターン】→ポーズを考えて写真を撮る。

　【絵を描いて写真で撮るパターン】→絵を描いて写真を撮る。

　【端末で絵を描くパターン】→描いた絵を保存していく。

・用意した物を組み合わせて動画を作る。

「作品例」

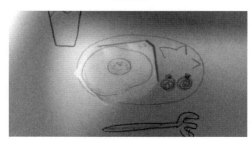

（髙森政輝）

5年の活用アイデア【家庭★持ち帰り】

ゆでる

・ICT ツール　オクリンク（カメラでも可能）

ねらい

①家庭でも ICT 機器を活用して，学習を進めることができる。
②学習したことを家庭でも生かせるようにする。

事前指導

・オクリンクの使い方と提出の仕方を指導する。

準備

【教師】
・オクリンクでワークシートを用意しておく。（表紙・写真・調理方法・感想）

活用の実際（第1時／全1時間）

【教師】
・ワークシートの各項目を具体的に説明する。
【子ども】
・料理の写真や動画を貼る。
・料理名や材料，調理時間を記す。
・感想を書く。
・じぶん BOX と提出 BOX に送る。

「家庭での調理の感想」

~感想~

5分、7分、10分と茹でる時間によって黄身
の硬さや色が違った。
茹でるときに気をつけることは、沸騰させ
すぎると殻にヒビが入ってしまう。
殻を剥きやすくするためには、冷水につけ
ながら剥く。

（山本愛花）

5年の活用アイデア【体育】

ボール運動（ゴール型）

・ICT ツール　タイムシフトカメラ

ねらい

①ボールをシュートする自分の映像を見て，シュートを決めるために必要なことを考えることができる。

事前指導

・タイムシフトカメラ（アプリ開発委員会）の使い方を確認する。

準備

【教師】

・タイムシフトカメラのリンクを貼っておく。

（https://kaihatuiinkai.jp/time_shift/）

活用の実際（第2〜3時／全5時間）

【教師】

・タイムシフトカメラを使って，お互いの動きを確認させる。

【子ども】

・数秒遅れで流れる自分の映像を見て，シュートの仕方や，シュートの位置を考える。

「自分の動きを撮影して確認する」

（髙森政輝）

81 5年の活用アイデア【道徳】
誠実に生きる
・ICT ツール　Google Jamboard

ねらい

①自分の立場を明確化し，誠実に生きるために必要なことは何か話し合うことができる。

事前指導

・Jamboard の使い方を確認する。

準備

【教師】
・線を引いた Jamboard を用意し，事前に全児童の名前を付箋に書いて貼っておく。

活用の実際（第1時／全1時間）

【教師】
・Jamboard を共有し，自分だったらどちらの行動をとるか付箋を移動させる。

【子ども】
・付箋を移動させ，なぜその位置にしたのかを全体交流する。

「Jamboard で自分の立場を明確にする」（数字は実際は児童名）

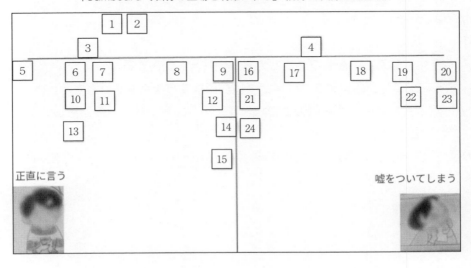

（髙森政輝）

5年の活用アイデア【特別活動（学級活動）】

1か月の目標を決めよう

・ICT ツール　Google Classroom，Google フォーム，Google スプレッドシート，AI テキストマイニング

ねらい

① AI テキストマイニングで学級全体の考えを共有することができる。

②発表できない子どもも表現できる場をつくり，全員が参加する良さを感じることができる。

③言葉関係を分析し，有用な情報を取り出す力（情報活用能力）を育てる。

事前指導

・AI テキストマイニングの効果や仕組みについて指導しておく。

準備

【教師】

・フォームでアンケートを作成し，Classroom に送る。

活用の実際（第1時／全1時間）

【教師】

・行事や委員会などで関わる6年生の姿を想起させ，なりたい6年生像を掴ませる。

・アンケート結果をスプレッドシートに出し，AI テキストマイニングのサイトに貼り付ける。

　（https://textmining.userlocal.jp）

【子ども】

・「どんな6年生になりたいか」フォームのアンケートに回答する。

・AI テキストマイニングの結果から，学級全体が目指す6年生像を共有する。

・「その姿に近づくために，何を頑張るのか」フォームのアンケートに回答し，AI テキストマイニングをする。

・学級の意見の中から，自分たちが頑張れそうなことを選び，1か月の目標を決める。

（山本愛花）

5年の活用アイデア【特別活動（行事：宿泊学習）】

しおりをつくろう

・ICT ツール　Google ドキュメント，Google Classroom

ねらい

①しおり作りを通して，宿泊学習の見通しをもつことができる。

②仲間と共同編集しながら協力する良さを感じることができる。

事前指導

・共同編集する際に，勝手に相手の文章を書き換えないように指導する。

・絵を描きたい場合は，描いたものを貼り付けたり，印刷してから描いたりするように説明する。

準備

【教師】

・しおりの型をドキュメントで用意し，共同編集できるようにして共有する。

・それぞれのグループの活動スペースを Classroom の授業のところに用意する。

活用の実際（全時間／全2時間）

【教師】

・リンクを貼り付け，子どもたちに作業を進めさせる。

・終わった報告を受けたグループのドキュメントを確認し，印刷する。

【子ども】

・各々が担当ページを作成し，完成したら先生に報告する。

「しおりの『歌のページ』」

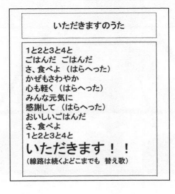

（髙森政輝）

5年の活用アイデア【総合的な学習の時間】

幌北地域をよりよくするために

・ICT ツール　シンキングツール（ピラミッドチャート），Google Jamboard（ロイロノートなどでも可能）

ねらい

①幌北地域をよりよくするために，自分たちにできることをまとめるようにする。

事前指導

・幌北地域の良さや課題について考えるように指導する。

準備

【教師】

・Jamboard にピラミッドチャートを貼り，コピーしておく。

活用の実際（第1，7時／全7時間）

【教師】

・考えたことや，他の地域でどんな活動をやっているかを調べさせ，そこから具体的に必要なことを考えさせる。

【子ども】

・Jamboard の付箋機能を使って，自分の考えをまとめていく。

「ピラミッドチャートの活用例」

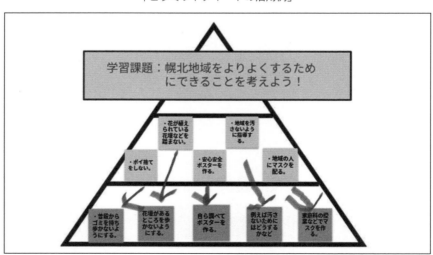

（髙森政輝）

85

5年の活用アイデア【外国語】
Welcome to Japan
・ICT ツール　Adobe Spark，オクリンク

ねらい

①自分の好きな季節を伝えるためにポスターを作り，交流することができる。

事前指導

・Adobe Spark の使い方を指導する。

・画像を使う際の注意点（著作権等）について指導する。

準備

【教師】

・子どもがイメージしやすいようにポスターを作成しておく。

活用の実際（第7～8時／全8時間）

【教師】

・好きな季節，できる行事等を Adobe Spark を使ってまとめさせる。

・できたものをオクリンクで共有させ，友達の作品を確認できるようにする。

【子ども】

・ポスターを作り，できたポスターを見せながら相手に英語で説明する。

「ポスター作品の一例」

（髙森政輝）

6年の活用アイデア【国語】

やまなし【資料】イーハトーヴの夢

・ICTツール　Googleスライド，Google Jamboard，Googleスプレッドシートなど

ねらい

①作品の世界を捉えながら自分の考えをまとめ，単元を通じ学びの足跡を残せるようにする。
②話し合いながら記録することで，多くの情報や自他の考えを整理しやすいようにする。

事前指導

・スライドの追加や削除，写真や図形などの挿入の仕方，保存先などを確認しておく。

準備

【教師】

・スライドの１枚目（表紙）や単元序盤のスライドは，教師側で作成したテンプレートを用いて入力することで，操作・活用に慣れることができるようにする。

・必要に応じ，スプレッドシートや画像など，子どもたちに挿入して活用してほしいものがあれば，共有フォルダに用意しておく。

活用の実際（全時間／全８時間）

【教師】

・必要に応じ，挿入や共有できる資料やシートについて提案し，選択して活用させる。

【子ども】

・教科書や並行読書した作品から学んだこと，自分の考えや友達の考えなど，「『やまなし』に対する自分の考え」をまとめるために必要だと思ったこと・分かったことなどを毎時まとめていく。交流の際に聞き取ったメモとして，少人数で話し合ったことのまとめとしてなど，自己調整しながら大量の情報を収集・整理していくことができる。

「学びの記録の例」

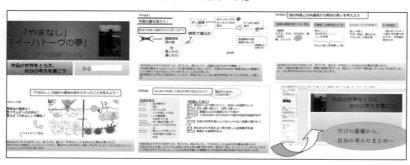

（木村美和子）

87 6年の活用アイデア【国語】
卒業文集づくり
・ICT ツール　Google ドキュメント

ねらい

①1年間，様々な機会を通じて作文を書き貯めていき，年度末に個人文集を作成できる。

②加除修正がしやすい，友達と読み合えるなどの利点を生かし，書く意欲を高める。

事前指導

・他人の文章を勝手に書き換えない。気付いたことはコメント機能を活用して伝える。

・文字カウントの仕方などを確認する。

準備

【教師】

・文集の「型」を用意し，それをコピーして作成させる。タイトルには「題名・組・出席番号・名前」を入力させておくと共有フォルダに保存した際も番号順に並べられてよい。

活用の実際（全時間／全8時間）

【教師】

・行事や各教科の学習内容とリンクさせた作文のテーマを考案する。実際の作文の例示や，文章構成を考えるワークシートなど，適宜準備し活用させる。

・コメントで文章構成のアドバイスを付けたり，子どもたち同士の交流の場を設定したりすることで，1年を通じ多様な表現に触れながら挑戦することができ，「書くこと」の学びを広げることができる。

【子ども】

・先生や友達からもらったアドバイスを受け，いつでもすぐに自分の文章の校正ができる。

・共有していつでも読み合えることで，友達の表現の良さに気付き，表現の幅を広げたり，文章を読み書きすることの楽しさを味わえたりする。

（木村美和子）

私と本ー長野県の6年生とビブリオバトルー

・ICT ツール　Zoom, Google Classroom, Google フォーム, Google スライド, カメラ（動画撮影）

ねらい

①他県の子どもとビブリオバトルを行うことで，必要感をもって自分と本との関わりについて考えることができ，楽しんで読書の幅が広げられ，自分の考えや読書への関心が深まる。

事前指導

・学級内で動画撮影しながらミニバトルを行い，ルールや注意・配慮事項の確認を行う。
・Zoom を使用して発表・質問などをする際の，注意・配慮事項を確認する。

準備

【教師】
・ビブリオバトルのプレゼンテーション準備用に，材料集めシートや発表の設計図を作成する。
・先方の先生方との事前打ち合わせや会場準備，各種機器の接続確認や投票集計用のフォームの準備などを行う。

活用の実際（第4〜5時／全5時間）

【教師】
・Chromebook 1 台を発表者＆司会用に，もう 1 台を会場の様子を伝えるカメラ用に設置する。テレビには外部接続でタイマーを拡大表示する。スクリーンには，プロジェクターを介して相手校の会場の様子や発表者の姿（Zoom 画面）が大きく映し出されるように設営する。
・投票に向けて，Classroom のストリームにフォームを貼り付け，回答を集計する。

【子ども】
・各学級の代表者がビブリオバトルに発表者として参加する。（Zoom を通じプレゼンテーションを行う。）
・プレゼンテーションを聞いて読みたくなった本に両校の子どもが投票し，チャンプ本を決定する。
・バトル後には，それぞれ事前に作成した「各市各校の良いところ紹介スライド」を Zoom で画面共有しながら交流する。

（木村美和子）

89 6年の活用アイデア【社会★持ち帰り】
私たちの暮らしと税
・ICT ツール　Google Classroom，カメラ
・NHK for School「社会にドキリ」

ねらい

①身近な地域で，税金を感じるものを写真で撮影することを通して，税の使われ方に関心をもったり，暮らしと税の関係について理解を深めたりする。

事前指導

・NHK for School「社会にドキリ」を視聴したり，教科書や資料集を使って調べたりする中で，税金の仕組みを理解する。

（https://www.nhk.or.jp/school/syakai/syakai_dokiri/）

準備

【教師】

・撮影した写真を提出する場所（Classroom の課題）を作る。

活用の実際（第1時終了後／全2時間）

【教師】

・税金を感じるものの例を示し，写真を撮るイメージをもたせる。

【子ども】

・登下校中や放課後（週末）に，税金を感じる写真を撮影する。

「税金を感じるものの例（学校前の信号機・道路標識）」

（安井政樹）

円の面積

・ICTツール　オクリンク（ロイロノート，スクールタクトなどでも可能）

ねらい

①円と図形を組み合わせた形の面積の求め方を，操作しながら考えることができる。

②自分で図形の面積を求める問題を作成することで，図形の理解を深める。

事前指導

・オクリンクで，ペイントや図形操作をする練習をしておく。

準備

【教師】

・オクリンクに円と図形を組み合わせた形の面積を求める問題を作成する。

・オクリンクで，時間割に『算数』「円の面積」を設定する。

・作成した問題を全員に送る。

活用の実際（第6〜7時／全10時間）

【教師】

・教師から1問，オクリンクで問題を送ったことを伝え，問題を解かせる。

・オクリンク内で補助線などを引きながら，面積の求め方を確かめる。

【子ども】

・教師から送られた問題を解く。

・友達や教師と問題の解き方を確認する。

・円やその他の図形を組み合わせ，自分で問題を作成する。

「子どもが作成した問題」

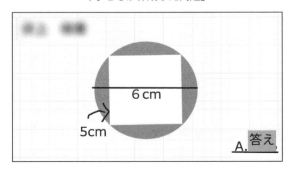

（大和直樹）

6年の活用アイデア【理科】

電気と私たちのくらし

・ICT ツール　オクリンク，プログラミング学習環境（micro:bit），カメラ（ロイロノート，Google Jamboard などでも可能）

ねらい

①身近なものに使われているプログラミングについての理解を深めることができる。
②「あったらいいな」という思いをもってプログラミングを作成することで，より自分事として考え，主体的に学ぶ姿を目指す。

事前指導

・micro:bit で光が点く仕組みなど，簡単なプログラミングを組めるようにしておく。
・オクリンクで，ペイントや録音，写真を入れる練習をしておく。

準備

【教師】
・オクリンクで，時間割に『理科』「電気と私たちのくらし」を設定する。

活用の実際（第9〜11時／全13時間）

【教師】
・プログラミングと，作ったものの名前，動画を貼る場所を示す型を配付する。

【子ども】
・身近にある仕組みの分からないものや，「あったらいいな」と思うものを考える。
・自分の思いが表現できるようにプログラミングを組む。
・オクリンクにプログラミングの写真や，動作確認の動画などを貼り付けて提出する。
・グループごとにオクリンクを基にプレゼンテーションをする。

「作成したプログラミングと，動画などを貼り付けたオクリンクの図」

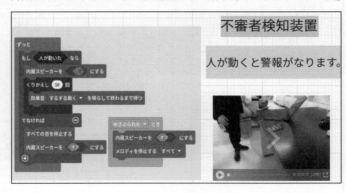

（大和直樹）

6年の活用アイデア【理科】
大地のつくり

・ICT ツール　Google Map，Google Classroom（Google ドキュメント，Google スライドなどでも可能）

ねらい

①地層が身近にあるものだと感じられるようにし，より体験的な活動ができるようにする。
②地層ができる場所について見当を付け，見通しを立てられるようにする。

事前指導

・Google Map のストリートビューの使用方法を確認しておく。
・Classroom などに URL を貼り付ける練習をしておく。

準備

【教師】
・Classroom に「授業」を作成しておく。
・Classroom で子どもたちがコメントをできる状態にしておく。

活用の実際（第1時／全8時間）

【教師】
・Classroom に URL を貼り付け，身近にある地層を一つ紹介する。

【子ども】
・日本中のいろいろなところにある地層を探す。
　（インターネットで地層の有名な場所を探し，Google Map で検索してもよい。）
・地層が見られる場所の共通点から，地層のでき方を予想する。

「Google Map で見られる地層の画像」

（大和直樹）

93 | 6年の活用アイデア【音楽】
曲想の変化を感じ取ろう

・ICT ツール　Google スライド, インターネット検索, カメラ(Adobe Spark, Google Jamboard などでも可能)
・NHK for School「音楽ブラボー」「名曲アルバム＋」

ねらい

①曲の構成（旋律の展開・リズム・強弱の変化や音の重なり）や歌詞の内容をより意欲的に聞き取ったり考えたりすることができる。

事前指導

・著作権についての事前学習を行う。

準備

【教師】
・子どもたちの課題曲とは別の曲で，手本となるものを作成しておく。

活用の実際（第1，4〜5時／全6時間）

【教師】
・導入で手本となるものを見せ，学習への関心・意欲を高める。

【子ども】
・曲の構成（展開）や歌詞の意味に合わせて，写真を撮影したり選んだりして，スライドショーを作成する。
・曲に合わせてスライドショーを見せ合い，互いの良いところをコメントで書き合うなどして評価し合う。

【活用の工夫】
・NHK for School「おんがくブラボー」や「名曲アルバム＋」を活用することで，音楽を見える化するイメージをもつことができる。これにより，音楽を聴いて感じ取ったイメージを言葉だけではなく，色や形，何かの様子の画像などに置き換えながら，表現することができるようになる。また，そうした表現を互いに見合う活動では，「これ？どういうこと？」「どうしてこの形なの？」とその表現を入り口にさらに伝え合おうとする姿も見られるようになるだろう。

「おんがくブラボー」https://www.nhk.or.jp/school/ongaku/bravo/
「名曲アルバム＋」https://www.nhk.or.jp/school/ongaku/meikyokuplus/

（木村美和子）

6年の活用アイデア【図画工作】

Ａ：ここから見ると / Ｂ：未来のわたし

・ICT ツール　カメラ，Google Jamboard

ねらい

①Ａ：遠近の関係を捉え，形の見え方を考えながら試行錯誤して作品作りを行うことができる。

②Ｂ：人の体を様々な方向から捉えることで，より注意しながら粘土を形作ることができる。

事前指導

・カメラの使い方を練習しておく。

準備

【教師】

・Ａ：画用紙など，子どもが使いそうな道具を用意しておく。

・Ｂ：将来なりたい職業などを考えておくように指示を出しておく。

活用の実際（Ａ：第１～２時／全２時間，Ｂ：第１時／全５時間）

【教師】

・カメラの使い方を確認し，グループごとに作品作りに向かわせる。

【子ども】

・Ａ：グループごとに固定した端末のカメラからの見え方を基に作品作りを行う。

・Ｂ：グループごとに一人を多方向から撮影する。

「『ここから見ると』の作品と，『未来のわたし』の撮影画像」

『ここから見ると』

『未来のわたし』

（大和直樹）

すずしく快適に過ごす着方と手入れ

・ICT ツール　Google Jamboard（ロイロノートなどでも可能），シンキングツール（X チャート）

事前指導

1年

2年

3年

4年

5年

6年

ねらい

①すずしく快適に過ごすために行っている工夫を分類分けすることで，考えを整理できる。

②整理したことを基に話し合うことで，次時からの学習に見通しをもつことができる。

事前指導

・Jamboard で，付箋の書き方などを練習しておく。

・シンキングツール（今回は X チャート）の使い方を指導しておく。

準備

【教師】

・Jamboard にXチャートを貼り付けておく。

活用の実際（第9〜10時／全12時間）

【教師】

・すずしく快適に過ごすために，服にはどんな工夫があるかを考えさせる。

【子ども】

・すずしく快適に過ごすための工夫を付箋に書く。（たくさん書くことが大事）

・たくさんの付箋をシンキングツールで，整理する。

・整理したジャンルから，これから考えを深めていきたいものを考える。

「シンキングツール（X チャート）を用いて考えを整理した図」

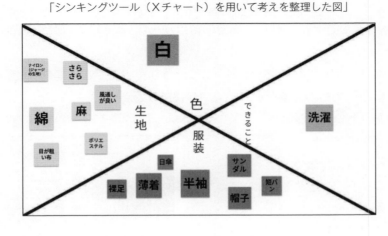

（大和直樹）

体つくり運動

・ICT ツール　Google Classroom，Google スライド，札幌市教育委員会 YouTube，インターネット検索

ねらい

①「体力を調べる動き」に挑戦し自分の体力（得意・不得意な運動）を知り，関心を高める。
②自分に必要な運動（自宅でできるトレーニング）について調べたり考えたりし，実際に楽しく挑戦しながら，体の基本的な動きを身に付けていく。

事前指導

・スライドの追加や削除，写真や図形などの挿入の仕方，保存先などを確認しておく。
・家庭環境（マンションなど）に配慮し，無理なく工夫しながら取り組むことを確認する。

準備

【教師】

・Classroom を通じ，札幌市教育委員会の動画や資料を見られるようにしておく。
・スライドでまとめる際の型を用意しておき，コピーして各自作成できるようにしておく。

活用の実際（第2時／全2時間）

【教師】

・札幌市教育委員会の学習課題資料などを共有しながら，学習の見通しをもたせる。
（https://www.city.sapporo.jp/kyoiku/shido/documents/1_6_8_9.pdf）

【子ども】

・各自，YouTube（https://www.youtube.com/watch?v=vRS４IaLCECw&t=10s）を見ながら，「体力を調べる動き」に挑戦し，自分の得点から自分の体力（得意・不得意な運動）を知る。

・インターネットを活用し，「体力向上に役立ちそうな室内でできる運動」を調べたり考えたりして，自分に合ったものを選択し，いくつか挑戦する。

・どのような運動（トレーニング内容）を行ったのか，自分の体や心にどんな変化があったかなどをスライドにまとめ，提出・共有する。

（木村美和子）

「スライドの例」

コスモスの花

・ICT ツール　Google Classroom，Google フォーム，AI テキストマイニング

ねらい

①授業前と授業後での「友達とは？」という意見を比較し，学びの良さを実感する。
②「友達」とはどういう存在かを考え，互いに尊重し合う心情を育てる。

事前指導

・フォームの答え方を指示しておく。
・AI テキストマイニングでのキーワードの探し方を指導しておく。

準備

【教師】

・友達とはどういう存在かを問うフォームを作成しておく。

活用の実際（第1時／全1時間）

【教師】

・「授業前アンケート」と「授業後アンケート」のフォームを Classroom に貼り付ける。
・物語を読み，学習を進める。
・授業の終末に，アンケート結果を AI テキストマイニングにかける。
　（https://textmining.userlocal.jp）

【子ども】

・授業前と授業後にフォームに答える。
・AI テキストマイニングを見て自分たちの考えがどのように変容したのかを考える。

「授業前と授業後のテキストマイニング比較データ」

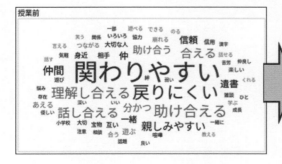 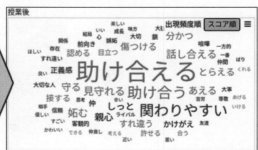

（大和直樹）

学習発表会の台本・演出用ものづくり

・ICT ツール　Google ドキュメント，Google スライドなど

ねらい

①総合的な学習の時間の学びを基に，共同編集で台本を作る。さらに舞台でやってみて分かる
ことを反映させ，試行錯誤しながら発表の内容・演出を完成することができる。

事前指導

・場面ごとの台本を最後にまとめるため，形式は見やすいよう揃えて作成するよう指導する。

準備

【教師】
・基本の台本サンプルを作成し，子どもがコピーし各場面で活用できるようにしておく。

活用の実際（全時間／全4時間）

【教師】
・子どもの作成した台本の誤字脱字の指摘や，表現のアドバイスなどをコメント付けする。
・共同編集中のアクシデント（意図せず消してしまったり形式が乱れてしまったり）の修正や
バックアップの作成なども行う。

【子ども】
・発表全体の構想を学年で話し合い，展開や時間配分の大枠を決める。
・各場面ごとに分かれて話し合いながら台本を作成する。必要な小道具・大道具のデザイ
ン・制作でも Chromebook を活用する。
・台本の流れに合わせたバック絵（舞台背景画・イメージ画像など）はスライドで作成する。

「学習発表会スライド（左）と台本（右）」

（木村美和子）

99 6年の活用アイデア【総合的な学習の時間・国語】
私たちにできること－SDGsって何だろう？－

・ICT ツール　Google スライド，Google ドキュメント，シンキングツール，インターネット検索など

ねらい

①総合的な学習の時間の学びを柱に，国語科の学習や家庭学習などを関連させながら提案文の作成を進めることができる。

②子どもたちの目的に応じた多様な発信方法に対応させながら，自分の考えをまとめることができる。

事前指導

・各ツールの基本操作の確認をしておく。

準備

【教師】

・SDGs について調べる際には，おすすめのサイトをいくつか選び，リンク集を作っておく。

・提案文作成の際には，文章構成を考えるための表やワークシートを事前に作成しておく。

活用の実際（総合的な学習の時間：全時間／全10時間，国語：全時間／全6時間）

【子ども】

・調べたことや自分（たち）の考えを，シンキングツールやドキュメントに整理しながらまとめていく。表やワークシートも活用しながら，一人一人自分が関心を高めた課題の解決のため，みんなで取り組みたいことの提案文を作成する。

・Chromebook 上で互いに読み合い，学年全体で取り組むものを選ぶ。チームごとに提案内容を実現させていくため，全校児童に呼びかけたいチームは校内テレビ放送向けにスライドを作成，掲示物を作成したいチームはドキュメントを活用するなどして発信方法を工夫する。いずれも仲間と相談し合い，共同編集しながら改良を重ねていくことができる。

「完成した提案文」

（木村美和子）

6年の活用アイデア【外国語】
This is me!（他，全単元で可能）
・ICTツール　Google翻訳，マイク付きイヤホン

ねらい

①外国語の基本的な発音の強弱やイントネーションなどに対する意識を高める。

②自分の作成した文章が正しく翻訳されることを通し，外国語を話す楽しさを感じることができる。

事前指導

・Google翻訳の使用の仕方を練習しておく。

準備

【教師】

・教科書の例文を基に，単元ごとにおさえたい文法を指導する。

【子ども】

・マイク付きイヤホンを用意する。

活用の実際（第6～7時／全8時間）

【教師】

・これまでに学んできたことを生かし，各自で文を作成させる。

【子ども】

・これまでの学びを生かし，自分で文を作成する。

・Google翻訳に作った文を打ち込み，正しく訳されるか確認する。

・正しく訳された場合は，マイク付きイヤホンで発音し，正しく表示されるか確かめる。

「日本語を英語に翻訳しているGoogle翻訳の図」

（大和直樹）

Chapter 2

GIGA スクール環境
を生かす
学校体制づくり

1 失敗は挑戦の証
―GIGA スクール時代における校長の役割―

1 "Try & Error" の前に "Try & Try" で

　本校は失敗を恐れず挑戦することを大切にする学校である。経験したことのないことを恐れて何もしなければ失敗はしないが，成功も得られない。正解が一つとは限らない時代においては，「失敗は挑戦の証だ」くらいの気持ちで新たな挑戦をしていかなければ立ち行かないことは，この間の新型コロナウイルス感染症対応で多くの人が自覚したことだろう。

　GIGA スクールも然りである。本校では，1人1台端末が整備された令和3年4月，失敗を恐れず，日常的に使い倒す「日常使い」を学校全体の方針として校長が示し取り組んできた。

2 「失敗」から「成功」へ

　とはいえ，成功に結び付きそうな「予感」と「確かな手応え」がなければ挑戦し続ける勇気がわかないのも事実である。失敗を恐れない勇気は，確かな成功（小さくても）によって後押しされるのである。そこで，学校 HP に GIGA コーナーを新設し，各クラスの実践をタイムリーに掲載することとした。いわば，即席の実践事例集である。（保護者への理解啓発にもつながるもので，いずれ家庭での活用が本格化する際に役立つものと考えた。）

　実践が蓄積されてくると，先生方の授業や活動の目的に応じた使い方を工夫する姿が随所に見られるようになった。自発的に "Try & Error" が行われる段階へと進み始めたと言える。同時に，子どもたちも自ら効果的な使い方やアイデアを実践するようになってきた。

　本書では，こうして進めてきた本校の事例をとりまとめている。参考になれば幸いである。本校でも，今後，さらに実践を進化させていくことができるよう挑戦を続けていきたい。

3 各校で GIGA スクール環境を生かした学びを推進するために

　学校では，1年後，5年後の子どもたちの姿を想像して取り組む必要がある。今の6年生が1年後中学校に進学したらどうか，1年生が5年後6年生になった時どうかなどと想像すると，自ずと「今必要な学び」が見えてくる。今後，各校で "Try & Try" と "Try & Error" を進めつつ，義務教育段階で育成すべき情報活用能力を洗い出し，カリキュラム化していくことも必要となる。また，端末等の特長を生かして，インプットやアウトプット，双方向のコミュニケーションや自分の学び（や生活）のレビューなど，子どもの成長を促進する視点で有効な事例を開発していくことも重要となるだろう。授業改善という視点だけでなく，子どもの成長に資するという視点で端末等の可能性を見出すことが求められる。

（佐藤圭一）

2 GIGA を推進する校内体制づくり ─GIGA スクール時代における教頭の役割─

1 ICT・GIGA 対応委員会

　札幌市では，GIGA スクール構想によって整備される 1 人 1 台端末（Chromebook）について，令和 3 年 4 月から本格運用が開始された。

　本校では，GIGA スクール環境を生かした教育活動推進のため，「ICT・GIGA 対応委員会」を設置した。ICT・GIGA 対応委員会には，研究部や行事部等のメンバーも所属している。授業はもちろんのこと，様々な行事でも対応が必要なことも考えられる。全教職員で，GIGA に対応するための準備を進めていった。

2 ICT・GIGA 対応委員会における GIGA 環境整備

　ICT・GIGA 対応委員会では，まず破損等をできるだけなくし，子どもたちが安心して端末の操作ができるよう画面保護シートを貼るなどの準備をしたり，運用方法の共通理解のために心得を作成したり，活用しやすくするための準備を行ってきた（Chapter 1 を参照）。その後，随時教職員向けにスキルの共有・レベルアップを目指し「校内研修資料」を作成している。各家庭には，「GIGA 端末を何のために持ち帰るのか」や「端末の家庭での正しい使い方やルール」などについてのプリントを配付し，学校と家庭で共有している。

　校内における GIGA 環境整備を推進していくことはもちろん大切であるが，家庭に持ち帰ることのルールを整備し，家庭とともに端末活用を推進していくことが大切である。

3 市教委の GIGA 研修と校内の研究部の連携・調整

　令和 3 年度からの本格運用の前に，令和 3 年 1 月から 3 月にかけ計 6 回，GIGA スクールサポーターによる校内研修を行った。ほとんどの教職員は初めて Chromebook を扱うので，基本的な操作を中心に研修を行った。また，運用が開始された令和 3 年度も10月から計 6 回サポーターによる研修を行っている。9 月からはミライシード等の新たなソフトウェアも利用可能となり，具体的な操作や活用の方法と，その目的についての研修を行うことで端末活用を推進してきた。

　どちらの研修も限られた回数であり，内容を充実させ教職員が必要とする研修内容にすることが最も重要である。事前に研究部と連携を図り研修内容を考え，当日の研修を実施した。今後も，GIGA スクールサポーターをはじめとする外部人材の活用と校内組織の連携を図り，組織的に活用が促進されるようにしていきたい。

（大山健一）

3 職員室での GIGA の日常活用
─GIGA スクール時代における教務主任の役割─

1 職員の日常的な活用の意義

　GIGA スクール環境を，授業だけではなく日常的に教職員が活用することで，端末がより身近なものになり，様々な活用のアイデアが生まれやすくなる。例えば，「アンケートができる機能を保護者向けのアンケートに活用できないだろうか」という思いが浮かんだとする。日常から使い慣れている人ならば，子どもの端末を持ち帰らせアンケートに回答してもらうという発想になるだろう。それは，結果として，紙によるアンケートよりも回答率が上がり，集計の手間も省けることになる。このように，日常的に活用することで，「この場合はこう使えるかも」「この機能をあの場面で使ってみよう」というアイデアの広がりが生まれるのである。

2 オンラインでの職員会議や校内会議の実際

　コロナ禍における会議の在り方は様々である。対面での長時間の会話が厳しい状況であるのは間違いない。そこで，本校では，オンラインでの会議の役割や良さを生かしながら打ち合わせを行っている。オンライン会議の良さは，データの共有のしやすさではないだろうか。提案者がプレゼンテーションしながら提案すること，同じ画面を見ながら提案を聞くことができることで，情報を上手に共有することができるのである。ただし，気を付けなければならないのは，一方向的なコミュニケーションにならないようにすることである。双方向でのやり取りを可能にするために，チャット機能やグループミーティング等を活用しながら進めている。このような経験が，オンラインでの学習支援にもつながるのである。今後もオンラインと対面の良さをうまく取り入れた会議の在り方を模索していきたい。

3 教育課程の中での効果的な活用法と系統性

　本校では，1人1台端末が整備されてから，授業の中で様々なアプリ等を試行してみるところからスタートした。今，ある程度の実践が集まり，どんな場面で活用すると子どもにどのような効果があるのかが見えてきた。次は，より効果的な使い方を考えていく段階である。子どもの理解力や創造力等を育んでいくような活用法を模索していかなければならない。そのために，授業実践の成果と課題を日常的に共有し，よりよい実践を増やしていくことが必要になる。今後，小学校6年間で端末をどのように活用し，子どもにどんな力を付けていくのか，学年ごとの目指す姿を明らかにしていく。そして，小中連携を見据えた1人1台端末を活用した情報活用能力の育成について，系統的に整理し見直していきたい。

　　　　　　　　　　　　　　　　　　　　　　　　　　　　　　　　　　　（下坂卓也）

4 GIGA 情報発信と家庭との連携
―GIGA スクール時代における ICT 担当の役割―

1 GIGA 環境を生かした取り組みの共有

　GIGA を生かした教育実践は，まさに黎明期。各担任がチャレンジしたこと自体をどのように共有し，そこから何を見出すのか。ここに校内の活用促進のポイントがある。これまでも，教室前の掲示板で子どもの作品を見て「あ，○年生ではこんな学びをしているんだな」と廊下を歩くだけで他学年の学びを感じることがあった。これは，アナログの紛れもない良さである。GIGA を生かした取り組みは，一見見えにくい「蛸壺型学級経営の再来」にもなりかねない。本校では，例えば以下のような方法で，互いが見える「オープンな教室」を実現している。

（Chapter 1 事前指導で紹介，1，2，9，11など）

①校内での GIGA 実践の「チャレンジ」を学校 HP 上で掲載し情報共有（校長の協力）
②教職員の Classroom で「こんなサイトを見つけたよ！」という情報共有（担任の協力）
③全学級の Classroom を全担任が見られるようにして活用状況を共有
④校内の「学習リンク」から「各学級のサイト」へ入れるようにして取り組みを共有

　インターネット上にも，いろいろな先進的な取り組みがある。書籍の中にもある。そして，校内にもある。まずは知る，それによりもっと知りたくなる。最終的に「これ，どうやるの？」と教師も子どもも互いに学び合う。そんな学びのコーディネートを大切にしたい。

2 家庭との共通理解

　「端末を活用した学びが始まります。〜の準備を」「持ち帰りを始めます。〜に配慮を」と学校からの文書は，どうしても家庭で何をしてほしいのかというお願いや連絡が中心になることが多い。しかし，新しいことを始める時に大事なのは「目的」である。まずは，教職員の中で「何のために活用するのか」を共有する。これがあってこそ，家庭にも共有を促せる。ICT 担当は，校内の共通理解を図るとともに，家庭とともに GIGA 端末の活用を考えられる仕組みづくりを考えていくことが重要な役割となろう。

　端末を何のために使うのか，GIGA スクール環境を生かした学びでどんな力が付くのか，これからの社会で子どもたちに身に付けたい力は，という「ねらい」を共有することを大事にしたい。そのための方法は，多種多様。校内のチャレンジは，ICT 担当としてどんどん促していきたい。

　学校は，文化の種をまくところ。ICT 担当は，より多くの実りを期待しながら，たくさんの種を伝えたり，その種の育て方を共有したりすることが求められる。GIGA 活用は，家庭とともに。こうした取り組みの積み重ねを大切にすることが求められる。　　　　　　　（安井政樹）

5 子どもの健康のために
―GIGA スクール時代における養護教諭の役割―

1　GIGA スクールで気を付けたい子どもたちの健康

　本校でも GIGA スクール環境を生かした教育活動を４月から行ってきた。登校から下校まで授業中はもちろん，休み時間も子どもたちは，あっという間に自由自在に端末を操るようになった。昨年の３月までは，想像することすらできなかった子どもたちの学びが広がった。こうした子どもたちを取り巻く環境の変化は，かつて経験したことがないスピード感をもって子どもたちの体や心に迫ってきていると感じている。

　まず，長時間の端末使用による視力への影響や眼精疲労による頭痛の予防のための対策を考えたい。家庭での使用状況も加味することが重要なポイントになるため，客観的なデータを基に指導の重要性を伝えられるようにすることが大切である。外遊びを魅力あるものにし，休み時間の過ごし方のバランスがとれるような働きかけも大事にしたい。また，個人から個人への通信機能によって生じる人間関係への気配りも大切になってくるため，今まで以上に学校でも家庭でも子どもとの会話を大事にし，体と心の変化を見逃さないことが重要になってくる。保健室での関わりもより丁寧さを求めたい。

2　各学級での指導を推進

　子どもたちの様子を見ながら定期的に日本眼科医会の目の健康啓発マンガ「ギガっこデジたん！」の資料を各学級に配付した。担任が中心となって学級指導を行い，配付された資料は，常時教室に掲示し，日常的に意識をさせながら繰り返し指導ができるようにした。

　また，保健室前にも資料を掲示するなど，子どもたちの健康意識を高める工夫も必要である。視力検査の前後など，より視力に関心のある時期に行うとより効果的になる。

3　家庭との連携

　４月の時点で端末操作に意欲的に取り組む子どもたちの様子を見て，早急に家庭でのゲームなどを含めたデジタル端末を使用する時の配慮事項を家庭に知らせることが必要だと考えた。日本眼科医会ホームページの「ギガっこデジたん！」を紹介する内容とその一部を５月のほけんだよりで「目を守りながら…」という内容で家庭に向けて発信した。また，10月には学校だよりの中でも，子どもたちの様子とともに，家庭でも目の健康に関心をもってもらう内容を掲載し啓発を行った。これからも，学校と家庭と連携をしながら，子どもたちの健康という視点で，端末のよりよい付き合い方を探っていきたい。

（前野利恵子）

Chapter 3

対談
GIGA スクールの
授業づくり

1 対談　中川一史×安井政樹
GIGA スクールはどこに向かうのか

> **GIGA スクールの現状をどう捉えていますか？**

安井：実は，コロナ禍のせいもあり，学校は井の中の蛙の状態で，隣の学校が端末をどう活用しているのか，周りの学校がどう活用しているのか，なかなか見えない状況です。全体を俯瞰して，中川先生はどのように捉えていらっしゃいますか？

中川：誤解を恐れずに言うと，当初思っていたよりも，混乱しなかったと思います。停滞せずに，進んでいるなと。日本の先生たちの適応能力の高さを感じました。その一つの要因は，コロナ禍による影響が大きいと思います。コロナ禍で前倒しされたことや感染対策などで活用するということもあり，各学校での活用が広がっていきました。もう一つは，「個別最適な学び」と「協働的な学び」が注目されていた時期と重なっているということだと思います。しかし同時に，二極化についても，とても心配はしています。

安井：私も含めて，幌北小の先生方は「とにかく使ってみよう，よかったことを紹介し合って共有しよう。」と実践を積み重ねてきました。そしてその中から100事例を取り出したのが本書です。SNS では，ICT に詳しい人や進んでいる学校の情報は出てくるのですが，そこに出てこない大多数の学校がどうなっているのか，実は，分からない。だからこそ，ふだんあまり SNS を使っていない先生方も含めて，このような形で情報共有できる仕組みが大切だなあと思っています。

> **先ほど，二極化が心配という話題が出ましたが，これはどういうことですか？**

中川：「情報活用能力の育成」や「個別最適な学び」などの目的のためにツールの一つとして，うまく端末活用を位置付ける学校や教師，一方で，端末を使うこと自体に汲々としている学校や教師という二極化してきていることを危惧しています。

あるいは，教師の一斉授業 only から，子ども主体の学習へと授業の在り方自体を再考していく学校や教師，一方で，授業のやり方を変えず，端末にほこりがかぶる学校や教師。このような二極化も考えられますね。

安井：なるほど，こうしたねらいを意識していくというのが，GIGAスクールの次なるステップなのかもしれません。コロナ禍の感染対策で創意工夫をした教育活動のチャレンジに追われていた学校も多いです。そういう学校でも，まずは「端末を活用できる」というステップを目指すのだと思います。他校の取り組みや本書の実践例を参考に，このステップに教師も子どもも進んでいくことから始めることが，大切かと思います。

二極化を防ぎ，みんなで推進していくためには？

中川：ここから円滑に進むためには，ネット環境，支援員，デジタル教科書やデータ活用への対応といった面も大切です。そして，何よりも学校内や地域内での共有，これがうまく進んでいるところは，きっと，誰一人取り残すことない状況が進むだろうと。逆に，共有がなかなかうまくいかない地域や学校だと，バラバラになってしまうということが心配です。

安井：共有が大切というのは，まさにそう思います。その一方で，言い訳ではないのですが，やっぱり学校は忙しい。好事例はここにありますよ。PDFが送られてきても，クリックする暇もない。紙で配られるなら，少しでも目に触れる可能性もあるんですけど，日々膨大な連絡が校務機に来るわけです。ネット上にも，好事例の情報はあります。そこにたどり着く余裕がなかなかない。教育委員会，文部科学省，各種団体が一生懸命に発信はしているのだけれど，それが十分に生かされきれていないということも感じます。

中川：そういう状況の中で，教育委員会の役割はますます大きくなります。どこかに「事例を置く」ということにとどまらず，「その事例がどうやったら共有でき，それがフィードバックとして戻ってくるにはどうするか。さらに，それを他の学校にも生かせるように」というところまで考えていくことが大事だと思います。

安井：なるほど，この辺りの共有。教育委員会という地域のレベルだけではなく，学校内でも大切にしていくことが，校内のICT担当の役割としても同じだなあと思いました。「ここにあるから見ておいてください。」「フォルダに入れてありますので活用してください。」では，やっぱり届きませんよね。大切なことを改めて確認できました。

中川：そうですね。これは，サッカーでいうと，トップ下からボランチに至るまで「うまくパス回し」ができる人がいるかどうかがポイントになってくるんじゃないかなあと。これは，学校でも，教育委員会でも，そうだと思います。つまり，ネットにある情報，近隣校の情報などを，校内に広めることができる人。そして，そういう人が孤立しない学校の雰囲気や，支える仲間がいることも大事。そして，そのパスをそれぞれの先生方に回

す。それが教室で生かされて，さらにパスが回る。そんなことが大切なんだと思います。

安井：パス回し，確かにそうですね。スタンドプレーではなく，みんなにパスを回すことが大事ということですよね。一人だけでも疲れてしまうし，パスが来ないと，やる気もなくなるし。この例え，すごく納得しました！パスを回しているうちに，すごいボールになっていそうです。本当に日本の先生方は，知恵をたくさんもっていると思うんです。子どものために，こんなこともできるのではないか？とたくさんの試みがなされています。国レベルでも GIGA スクールのサイトなどがあり，そんな各学校の知恵，各学級の知恵を集めていくと，すごいことになりそうです。でも，その一方で，「やっぱりアナログが好き」という先生たちもいる。この先生たちには，例えば「本」というアナログな形でもいいので，お伝えしていく。そういうことも，必要なんじゃないかなあと思っているんです。

GIGA スクールの今後に向けて，本書の意味は？

中川：今回の書籍がとてもいいなあと思うポイントは二つあります。一つ目は，幌北小の先生方にとっては，事例集を作る，今回は本を出すという OUTPUT，一つの共通の目的，ゴールがあること。これも，共有の一つの仕掛けだと思うんですね。そのことを身をもって示している。安井さんがそういう仕掛けをされたんだと思います。そういう意味では，全国の各学校で全校本を出せばいいと思う。

もう一つは，どこかの研究指定を受けているわけでもない普通の小学校が，1年でこれだけ多くのバリエーション豊かな事例をあげることができたこと。これは，きっと，これを手に取った人が「あ，うちの何年生でも，これやってみようかな」と，そういうふうに感じてもらえるような「救いの書籍」になったのではないかなあと思うんです。そういう意味で，敷居を高くしすぎない，誰にでもできそうと思わせる事例がたくさんあることが本書の意味だと思います。これからたくさんの先生方の手に取ってもらうことを願っています。

安井：なるほど，確かに事例集を作っていくにあたり，先生たちが何のために使うのかという視点で自らの実践をふり返りながら書いた意味はとても大きかったと思います。また，「すべての学年で，すべての教科領域をやってみる」というチャレンジもよかったと思います。これによって，まだやっていない科目でもチャレンジしてみよう，他の学年はどう使っているのかなと，先生たちの視野がさらに広がり，頑張る指標をもてたんだと思います。本校の先生たちの実践を「あ，これいいね！」と価値付けることもできた。

これが，実践のエネルギーにもつながっているのだと思います。

中川：そうですね，本校の先生たちにとって，今回は書籍を出すというゴールだったわけですが，このゴールも，高すぎると辟易してしまう。でもあんまり楽だと負荷がかからない。だから程よい負荷をどうかけるのか。それが，チャレンジにつながる大事なポイントだと思います。今回は，「全教科網羅してみよう」というあたりの負荷が，さらなる実践へのちょうどいいバランスだったのかもしれないと思いました。

安井：そうですね。今回は，「初任の人が来ても，あ！こうやればいいんだ！」というものを作ろう。だから，難しいことはしなくてもいい。でも，活用の幅を広げよう。こういう呼びかけをしながら，先生方とともに歩んできました。分かりやすく簡単に書こうというつくりにもしたので，ちょうどいい負荷だったのかもしれないです。だからこそ，みんなで頑張れたのだとも思います。

GIGA スクールの今後に向けてのメッセージを

安井：今回は書籍という形でしたが，校内共有，地域で共有を紙でなく見合うとかでもよいので大事にしてもらいたいです。GIGA スクールは，共有しやすいはずなんです。しかし，端末で何が行われているのか，同僚の先生たちからは，これまでの教室や黒板以上に見えにくく，共有しにくい部分もあるんです。だから，とにかく共有する仕掛けを作ってもらいたいと思います。Google Classroom の教師に校内の先生をみんな入れてしまうというのも，いい方法です。そして共有だけで終わらずに，「いいね！」「やってみました！」と反応がある。そういうことの繰り返しで，先生たちは自信をもてるし，もっと頑張ってみようと思える。校内での「何年生すごいいい取り組みですね！」という声でもいい。一人では，やっぱり頑張れない。私は，4月から立場が変わりましたが，そういう先生方の応援団であり続けたいと思っています。

中川：そうですね。今回の書籍は，豊富な事例はもちろんのこと，「環境づくり」「体制」「研修」「保護者との連携」など，授業だけではなく周りのことも含めて書かれています。これを読んでいると，共有だけにとどまらず，うまく周りの大人を巻き込んでいるなあと思います。このあたりはどうですか？

安井：GIGA という同じ土俵に周りの大人が乗った時，どうコラボしていくのか，そして，これをきっかけに，「子どもをどう育てていくのか」「何を大切に教育をしていくのか」を先生方と再考することができました。そう考えると，GIGA スクールが磁石となって周りの大人を引き寄せ，そして同じ方向を向くためのよい機会だったのかもしれません。

Society5.0時代に向かって何を大事にするのか，動画を見ながら，そんな話題を，保護者の皆さんと先生たちと，そして子どもたちとできる。これは，GIGAスクール時代だからこそできたことだと思います。

中川：GIGAスクールは，一見すると1人1台端末という物理的な整備に見えます。お荷物だと思うのか，GIGAをきっかけにどう変革していこうと思うのか，そして，ヒューマンネットワークをどう構築しようと思うのか，ここが二極化の分かれ道だと思います。授業の在り方，教科書の役割，学校の役割，教師の役割や立ち位置，子どもに付けたい力，そのための学び方，周りの大人の子どもへの関わり方，協力の仕方，児童生徒のツールとしての生かし方，関わり方など，そういうことを改めて立ち止まって考えてみる。GIGAスクールでそういう再考のチャンスが来た。そんなふうに思ってもらえたらと思っていますし，この書籍からそういうメッセージを受け取ってもらえたらと思います。

（コーディネート・グラフィックレコーディング　大窪武志）

2 GIGA スクールは何をもたらすか

　内閣府が2021年に公開した「総合科学技術・イノベーション会議　教育・人材育成ワーキンググループ：Society 5.0の実現に向けた教育・人材育成に関する政策パッケージ〈中間まとめ〉」によると，「資質・能力重視の教育課程へと転換」として，たとえば，「主体」については「教師による一斉授業」から「子供主体の学び」へ，「教師」については「Teaching」から「Coaching」への転換を示している（図1）。

　この二つは，特に新しい授業観への転換に必要不可欠であるが，スローガンとしてはわかっているものの，実際に授業で実現するとなると，難しい状況がある。誤解を恐れずに言えば，筆者は，「教師がある意味もっと『不親切』になること」が重要であると考える。これまで，真面目に一生懸命取り組んでいる教師であればあるほど，子どもたちに良かれと思って手取り足取り知識や段取りを「教え込む」ことになっていたのではないかと思っている。しかしそれが結果として，子どもが思考停止に陥っていることになったのではないか。つまり，「そこは子どもにじっくり考えさせたいところ」を，教師が失敗しないように丁寧に説明してきたことで，実は子どもの考える場を奪ってしまってきたことも少なくないのではないかと推測している。もちろん，思考停止にならないためには，「学びの素地の知識を子どもがどこまで持っているかを把握しているか」「子どもが自ら判断し切り拓いていく力をつけているか」「学びを拡張する環境がどこまで用意されているか」などの周辺保障は必要である。

　特に，「自ら判断し切り拓いていく力」については，情報活用能力の育成が喫緊の課題となる。『小学校学習指導要領（平成29年告示）解説総則編』によれば，情報活用能力とは，「学習活動において必要に応じてコンピュータ等の情報手段を適切に用いて情報を得たり，情報を整理・比較したり，得られた情報を分かりやすく発信・伝達したり，必要に応じて保存・共有したりといったことができる力（略）」となる。情報活用能力は，学習の基盤となる資質・能力の一つとして学習指導要領では位置付けられており，どの年齢のどの学校においても，つけていくべき力となる。また，情報活用能力自体は，ICT活用に限ったことではないし，さらに，教科・領域のねらいを達成するためのベースとなる能力である（図2）。

　情報活用プロセス（図3）の中で，一つ例をあげると，情報収集のために，学校ではツールの適切な選択の力を，子どもたちにはどうつけていっているのか。まだまだ全国の学校を回っていると，「はい端末出して」と一斉に出させ，「はい端末しまって」と一斉にしまわせる学級が圧倒的に多い。このやり方が一概に悪いと言っているのではない。同じアプリを使い，学びを深めていく場面も当然あるだろう。しかし，一方，筆者が講演会等で話している際には，参加している大人の方々は，さまざまな方法で必要があれば必要なやり方でメモを取っている。もちろん，PCで入力しようが紙にペンで書こうが自由である。では，この状態はいつから許

されるのだろうか。その場で適切なツールの選択する力はいつどこで子どもたちに培われるのだろうか。GIGAスクールは，こういったこれまでのあたり前を疑ってみるよい機会だと筆者は捉えている。

　このように具体に落として，各学校で共通理解を図っていくことが今後重要になってくる。各学校の実態応じて，ぜひ議論してほしい。

（中川一史）

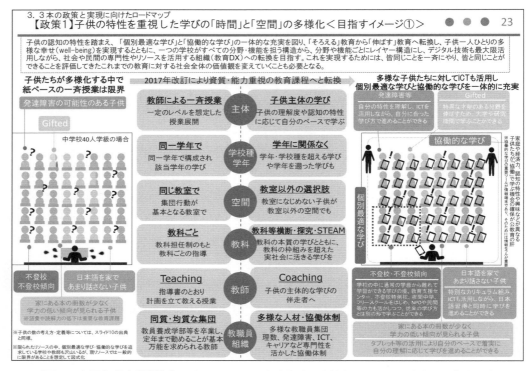

「図1　内閣府 総合科学技術・イノベーション会議 教育・人材育成ワーキンググループ（2021）
Society 5.0の実現に向けた教育・人材育成に関する政策パッケージ〈中間まとめ〉より」

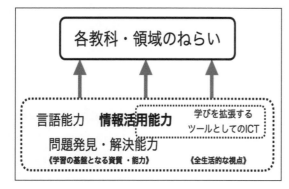

「図2　各資質・能力の位置付け」

「図3　日本教育情報化振興会（2020）授業づくりに小学校版『情報活用能力ベーシック』を活用してみよう！」

3 1人1台端末の活用効果はどこにあるのか

1 効果のレベル

　子どもたち一人一人が書いていることを教室で共有したい。そんな教師の願いを実現するツールが教室へやって来た。ドラえもんの道具のように，便利な道具がやって来た時に，「あれもできるかも，これもできるかも！」と授業のやってみたいが広がる。こうした教師の授業方法の問い直しは，端末活用の効果の一つである。指導観，授業観，教育観，児童観（子ども観）といった，自らの考え方の捉え直しのよい機会となる。

　それぞれの子どもに合わせた問題提示，一人一人の興味関心に応じた追究，一人一人のまとめや表現方法の多様化など，個別最適な学び（指導の個別化，学習の個性化）にも効果がある。

　また，なぜ，いま情報活用能力の育成なのか，これからの時代に必要な教育とは何か，子どもを取り巻く大人が，改めて考えるきっかけになっていることも効果の一つである。

　もちろん端末が来ただけでは，こうした効果は生まれない。このきっかけを生かすも殺すも人次第という面が大きい。

　もしも GIGA スクール構想がなかったら，多くの学校は，いまだに Society5.0も意識せず，変化の激しい時代において，時代に取り残されていたのかもしれない。

　学習の伴走者として，well-being に向かって何をすべきなのか，教育関係者が子どもを中心に GIGA スクールという同じ土俵の上で考えること，それ自体が一番の効果と言えるのかもしれない。

2 「つながり」を意識して

　1人1台端末で何ができるのか。「つながり」で考えてみたい。

　まず，インターネット上にある様々な情報にアクセスすることができる。これは，情報と子どもの「つながり」である。Google Earth で世界旅行のようにいろいろな地域を見たり，調べたりできることも，その一つである。

　情報と情報，情報と経験とを整理したり関連付けたりする「つながり」も重要である。こうしたつながりは，「思考ツール」などを活用する例で多く見られる。また，既習の情報と収集したり生み出したりした情報を関連付ける「つながり」もある。これは，「ポートフォリオ」を生かす事例に多く見られる。

　また，自分の考えや作品を相手に発信することで生まれる「つながり」もある。スライドやポスター，動画，サイト，プログラミングによる表現など，多様な活用方法がある。

　人とつながる「オンライン会議システム」は，コロナ禍に多くの学校で活用された。学校と

家庭，担任と子どもの「つながり」を生む活用が進んだ。近隣校だけでなく，他の都道府県，他国の学校とつながることや様々なゲストティーチャーとつながることもできるようになった。

　この他にも，クラウドによる協働編集機能を生かすことで，子ども同士の「つながり」を生かす実践も積み重ねられている。撮影したものや制作したものをともに見て協働的に学ぶことで「つながり」を生かす事例もある。発信するだけにとどまらず，コメントをもらったり，「いいね」というリアクションをもらったりという双方向性を生かす事例も見られる。

　このように，1人1台端末には，たくさんの「つながり」を生む効果がある。せっかく来た端末をどのように生かそうかと考える際に，「何と何をつなげたいか」「子どもたちと何を（誰を）つなげたいのか」を検討していただきたい。これが，カリキュラムマネジメント，社会に開かれた教育課程につながっていく。

3　光と影

　効果ばかりに注目せずに，その影がないのか，これを再考することもやはり重要である。こういうと，影ができるから使わないほうがよいという意見も出そうだが，そういうことを意味してはいない。

　「手を切るかもしれないから，包丁を使わない」わけではないし，「事故が起きるかもしれないから，自転車に乗らない」というわけでもないだろう。

　デジタルシティズンシップが注目されているように，「1人1台端末をどう生かすのか」を大切にしていきたい。それを考えるためには，「影」となる危険性や問題点，悪影響を知っていることもやはり重要となる。いわゆる情報モラル教育と生き方教育とを組み合わせることが求められてくる。1人1台端末を使って，どういう学び方をしてもらいたいのか，どういう生き方をしてもらいたいのかということまで考えることができるのである。

4　効果を最大限に

　端末が保管庫に眠っていては，上述のような効果は生まれない。まずは，使いたいと思った時に端末を使えるように子どもたちに1人1台端末を開放していただきたい。いろいろ心配な面が出てくる。このピンチが，「何を大事に指導するか」「どう指導していくか」という教師の連携を生むとともに，「どのように学ぶのか」という子どもと教師の共有へつながっていく。

　変化の激しい時代をたくましく生きていく子どもを育てるために，子どもを取り巻く大人がどうあるべきかを考えることができる。これを負担と考えるのではなく，教育の未来を思い描く，そんな効果を，ぜひ楽しんでもらいたい。

（安井政樹）

本書を手にした読者の皆さんへ

　GIGA スクール構想が授業を変え，教育を変え，そして社会を変えようとしています。そんな急激な変化の中で「どうしよう…。」と悩んでいる先生方に，本書でお届けしたいのは「これなら私もできそう！」という実践です。本実践をしてきた札幌市立幌北小学校は，モデル校でもなく，いわゆる普通の学校です。そういう普通の公立学校から，実践集を発信すること自体に意味があると思うのです。本校の教職員は，特別 ICT が得意というわけでもありません。担任12名の平均年齢が20代という教師たちと子どもたちが，「こんな使い方ができそう！」「それいいね！」とチャレンジしてきた実践を100に厳選して掲載しました。

　「この学年ではどんなことができるんだろう？」という先生方の疑問に答えられるように，全学年のすべての教科等を網羅する形で編集をしました。まずは，「やってみたい！」「できそう！」というイメージをおもちいただきたいのです。そうすれば，我が国の先生たちはきっと「あ，ここでも使えそう！」とアイディアが広がるのだろうと思うのです。本書が呼び水となって新たな実践が，日本各地に広がることを願っています。

　「1人1台端末が学校にやって来た。」と言いますが，「端末というものがやって来た」こと自体に意味があるのではありません。「エアコンを設置した！」としても，飾りではないので，そこにあるだけでは意味はないのです。「室内を涼しくする（温める）」機能を使うから意味があり，だからこそ，みんなが喜ぶのです。ところが，「この道具は，何に使うんだろう？そもそもどう使うんだ？」が分からなければ，その機械が来た意味はないでしょう。暑い日にエアコンを使いたくなるのは，使い方と効果を知っているからこそなのです。

　1人1台端末にはどんな使い方があるのか，それによってどんなことができ，どんな効果があるのかを知らなければ，使いたくなりません。でも，「あ，こんな機能があるのか！便利そう！」という気付きがあれば，暑い日にエアコンを使いたくなるのと同じように，1人1台端末も使いたくなるはずです。きっかけとして，本書が多くの先生たちのお役に立つことを願います。

　末筆になりますが，本書の出版にあたりご指導賜りました放送大学教授中川一史先生，本書の企画段階から最終の仕上げまでご尽力いただきました明治図書出版教育書編集部木山麻衣子様に，改めて感謝申し上げます。

　2022年7月

編著者　安井政樹

【監修者紹介】

中川　一史（なかがわ　ひとし）

放送大学教授・博士（情報学）。専門領域はメディア教育，情報教育。主な研究テーマとしては，国語科教育における情報・メディア，デジタル教科書活用の研究など。札幌市出身。

【編著者紹介】

安井　政樹（やすい　まさき）

札幌国際大学准教授・教職修士（専門職）。専門領域は，道徳教育，情報教育。主な研究テーマは，道徳教育の充実のためのICT活用研究など。小樽市出身。

【著者紹介】

札幌市立幌北小学校（さっぽろしりつこうほくしょうがっこう）
2021年度教職員
佐藤　圭一（校長）
大山　健一（教頭）
下坂　卓也（教務主任）
小畑　香乃
桂川　彩奈
宇野　太士
安井　政樹（ICT・GIGA担当）
井原　真美
中村　美玖
畑　　直輝
奥田　　響
髙森　政輝（ICT・GIGA担当）
山本　愛花
大和　直樹
木村美和子
前野利恵子

事前指導から授業例まで
GIGAスクールの1人1台端末活用アイデア100

2022年9月初版第1刷刊　©監修者　中　川　一　史
　　　　　　　　　　　編著者　安　井　政　樹
　　　　　　　　　　　著　者　札幌市立幌北小学校
　　　　　　　　　　　発行者　藤　原　光　政
　　　　　　　　　　　発行所　明治図書出版株式会社
　　　　　　　　　　　　　　　http://www.meijitosho.co.jp
　　　　　　　　　　　（企画）木山麻衣子（校正）有海有理
　　　　　　　　　　　〒114-0023　東京都北区滝野川7-46-1
　　　　　　　　　　　振替00160-5-151318　電話03(5907)6702
　　　　　　　　　　　ご注文窓口　電話03(5907)6668
＊検印省略　　　　　　組版所　株式会社木元省美堂

Printed in Japan　　　　　　　　ISBN978-4-18-326629-3

もれなくクーポンがもらえる！読者アンケートはこちらから